Sobreviviendo al divorcio

Victoria Perret

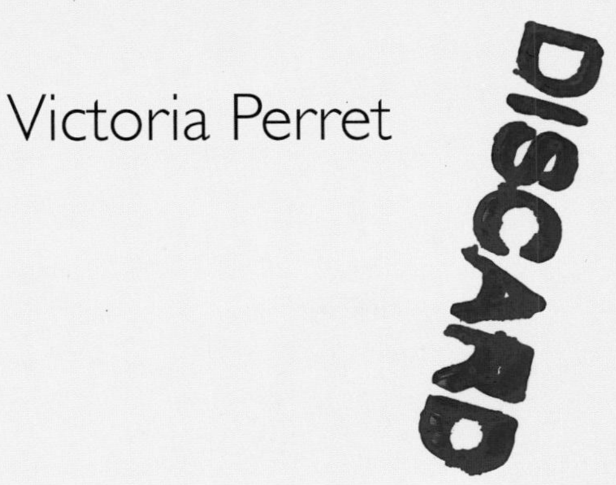

Sobreviviendo al divorcio

Vivir una separación es algo difícil…
… pero no tiene que ser devastador

• MARABOUT •

Dirección editorial: **Tomás García**
Edición: **Jorge Ramírez**
Traducción: **E.L., S.A. de C.V.,**
con la colaboración de Mónica Portnoy
Supervisión editorial: **E.L., S.A. de C.V.,**
con la colaboración de Quinta del Agua Ediciones, S.A. de C.V.
Coordinación de portada: **Mónica Godínez**
Fotografías de interiores: **The Infinite Ideas Company Limited** y © **AbleStock**
Fotografías de portada: **Photo Stock, S.A. de C.V.**
Adaptación de portada: **E.L., S.A. de C.V.,**
con la colaboración de Pacto Publicidad, S.A. de C.V.

Título original: *Survive divorce*

ISBN: 1-904902-19-7 (The Infinite Ideas Company Limited)
978-970-22-2036-7 (Para esta obra)

PRIMERA EDICIÓN - 1a. reimpresión

Impreso en México - *Printed in Mexico*

Esta obra se terminó de imprimir en abril de 2009 en
los talleres de Editorial Impresora Apolo, S.A. de C.V.
Centeno 150, local 6, Col. Granjas Esmeralda
C.P. 09810 México, D.F.

Índice

Prefacio

Cada capítulo de este libro está diseñado para ofrecerte una idea inspiradora fácil de leer y de poner en práctica.

A lo largo de sus páginas encontrarás cuatro cápsulas con recomendaciones que te ayudarán a llegar directamente al centro de la idea.

- ***Sugerencia.*** Tómala e intenta hacer algo ahora y desde aquí mismo. Date cuenta de qué bien lo has hecho hasta ahora.
- ***Intenta con otra cosa.*** Si parece que esta idea cambiará tu vida, ¡no hay tiempo que perder! Llegarás directamente a un consejo relacionado que te permitirá expandir y dar realce al primer consejo.
- ***Ideas destacadas.*** Consejos, frases y reflexiones de diversas personalidades.
- ***¿Qué tal estuvo?*** Si lo logras a la primera, trata de esconder tu asombro. Si, por el contrario, no lo consigues, entonces encontrarás una **P** y una **R** que aclararán problemas habituales y te dirán cómo salir de ellos.

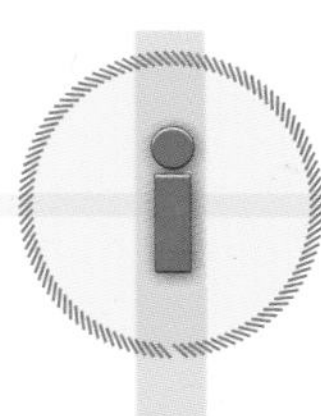

Introducción

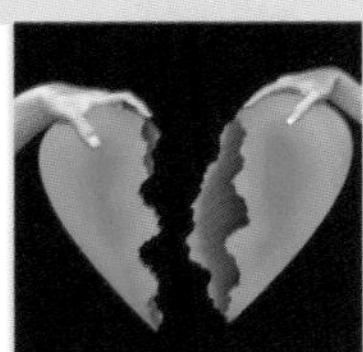

El divorcio es traumático, difícil y, francamente, duele. Si yo tuviera que agregar algo más, se trataría de una cobija de palabras que habría tejido para cubrir los hechos. Atravesar un divorcio es duro, pero no necesariamente imposible.

Debido a que en todo el mundo aumentan los índices de divorcio, las rupturas matrimoniales forman parte de las cuestiones que no podemos darnos el lujo de ignorar. De hecho, se trata de algo que prácticamente todos llegaremos a enfrentar en algún momento de nuestra vida, ya sea en nuestra propia relación o en la de amigos o familiares. Este aumento del divorcio es un tema preocupante que debemos encarar como sociedad, pero también implica la existencia de una mayor conciencia y tolerancia del tema en todos los ámbitos.

Como todos los demás sucesos importantes de la vida, el divorcio es un proceso. Tiene un comienzo, un desarrollo y, afortunadamente, un final. A medida que atravesamos este proceso, nuestras emociones, finanzas y hasta la salud se ven amenazadas. Algunos días nos sentiremos positivos, vivos y libres; otros, en cambio, terriblemente mal. La clave es no entrar en pánico cuando realmente tengamos un mal día.

Este libro no pretende ignorar los días malos ni propugna guardar la compostura. ¡Nada más alejado de eso! Es fundamental reconocer los sentimientos, sean como sean y sin importar qué tan apabullantes resulten en cualquier momento del proceso. Cuando hayas reconocido cómo te sientes y te permitas expresar esos sentimientos siempre que lo consideres necesario, poco a poco encontrarán que los días malos no son más que los buenos.

Tampoco consistirá este libro en un texto cursi. Bueno, ¡no todo el tiempo! El divorcio no es sólo una cuestión de sentimientos;

constituye un asunto muy concreto y real que afecta todos los aspectos de la vida cotidiana. Muchas de las ideas aquí presentadas exploran las mejores maneras de responder a las grandes preguntas a fin de poder enfrentar la situación, cuando el proceso de divorcio comienza a roer tanto los bienes como las emociones.

En este libro se presentan algunas ideas prácticas que te ayudarán a decidir qué hacer con la casa y las posesiones, así como algunas sugerencias para tratar cuestiones espinosas, como comunicarles la noticia a tus padres y a tus hijos. Además, se ofrecen ideas para que no te saltes ningún asunto legal o financiero, con el éxito de un abogado y la precisión de un contador.

Probablemente te habrán dicho que pasar por un divorcio es sentir un pesar terrible ante la pérdida del ser amado, de modo que sientes temor pensando que nunca lo superarás. Pero incluso si en la primera etapa te sientes así, no siempre resulta tan catastrófico. No pretendo caer en lugares comunes, ¡lo prometo! Para repetirlo, el divorcio, igual que el duelo, es un proceso. Te sentirás lastimado, enojado, triste y traicionado (puedes agregar o eliminar opciones si corresponde a tu caso). Sin embargo, no hay ningún motivo para que no emerjas de este proceso más fuerte y más consciente. En ese momento notarás por qué añadí ideas sobre la posibilidad de volver a salir con alguien e incluso casarte otra vez.

Sé, por mi propia experiencia, lo duras que pueden ser las cosas. Sé qué soledad puedes sentir durante el divorcio y sé que, incluso cuando se termine, habrá días en que te sentirás tan tambaleante como gelatina. Divorciada desde hace 10 años de un hombre con quien realmente esperaba pasar el resto de mi vida, hubo días en los que sentí que sólo me quedaba pasar la noche en compañía de un buen canal de televisión mientras sollozaba mirando fotos viejas. No conocía a nadie

que se hubiera divorciado y todos mis amigos se hallaban en la etapa de comprar casa y camioneta a medida que tenían a sus hijos. Cuando salía, creía que debía vestirme de luto y quedarme sentada para no molestar a nadie con mis dramas.

Ninguno de mis colegas había pasado por lo mismo y por primera vez en mi vida no tenía a mi marido para pedirle ayuda y consejos. Por eso empecé a mirar fuera de mi propio marco de referencia, para ver si encontraba la manera de ayudarme. Es posible hacer un símil con lo que representa aprender a conducir: inmediatamente nos encontramos con personas que están aprendiendo a manejar y con cochecitos por todas partes. Conversando un día con la instructora, me contó que hacía poco se había divorciado, pero que consiguió utilizar esa experiencia como combustible para su propia independencia. El señor de más edad de la agencia de seguros, dos veces divorciado, se había casado por tercera vez y en ese momento se sentía muy entusiasmado y feliz de darme consejos sumamente alentadores.

Una empleada del banco, por quien siempre me había sentido intimidada, resultó increíblemente comprensiva cuando llegué a cambiar en los registros bancarios mi denominación de "casada" por la de "soltera". Incluso la mujer más respetable de la librería había pasado por un divorcio prematuro cuando rondaba los 20 años, antes de establecerse con su segundo esposo, quien usa suéteres tejidos y lee diccionarios. Aprendí a ver a mis padres como "normales" y me di cuenta de que su divorcio, después de 26 años de casados, también podía enseñarme algo.

Es menester percatarse de que incluso si te sientes solo, no lo estás. Muchísimas personas ya pasaron o están pasando por lo mismo. Sus finanzas se consumieron, sus emociones se hicieron polvo y sus vidas cambiaron por completo. Pero sobrevivieron al divorcio y la mayoría siguió su existencia con un futuro mucho más brillante.

Este libro muestra mi experiencia y la de otras personas, y las transforma en ideas para que sobrevivas al divorcio y puedas resurgir como un ser positivo y poderoso. ¡Respira hondo y empieza a leer!

VICTORIA PERRET

Hace mucho tiempo...

...un chico y una chica se enamoraron perdidamente. Él le compró un anillo; ella dijo: "sí, acepto", y el confeti cayó a raudales. Los niños crecieron, ellos se jubilaron y se fueron a vivir a la playa. ¿Con qué frecuencia se cumple esta historia? Uno de cada tres matrimonios fracasa y el divorcio se ha convertido en una realidad cotidiana.

Si aquello de "juntos para siempre" perdió todo el encanto de los cuentos de hadas, aquí encontrarás la ayuda necesaria para dar el primer paso hacia el divorcio de manera pragmática y sin perder la esperanza de un final feliz. No estás solo.

Matrimonio, ¿cuento de hadas o pesadilla?

¿Alguna vez te has preguntado por qué los cuentos de hadas siempre terminan con la escena de la boda? ¿Por qué las novelas rosas de editoriales especializadas en ese género nunca van más allá de la puerta de la iglesia? Bueno, los cuentos de hadas hablan de bodas, no de matrimonio. Nos dejamos llevar por una nube de tules y creemos que la dulzura del pastel nupcial permanecerá para siempre. Pero en ocasiones pareciera que aquello de "vivieron felices y comieron perdices" desaparece junto con el último invitado a la boda.

Las bodas siempre fueron habituales. La unión entre un hombre y una mujer es muy primitiva y nuestra necesidad de legitimar dicha unión es casi tan vieja como la unión misma. El divorcio, a pesar de ser una institución vetusta, nunca ha sido tan frecuente como en la actualidad. ¿Quiere decir que las relaciones de antaño eran más felices? En absoluto: sólo que ahora se acepta más el divorcio. Durante siglos, estar divorciado era sinónimo de vivir marginado. Por supuesto, el dinero y el poder de cada época ofrecen notables excepciones, pero incluso entonces poca gente podía ver a Enrique VIII como un modelo de conducta conyugal.

Con el paso del tiempo el estigma social del divorcio se fue disipando y hasta se convirtió en un símbolo de glamour en determinados círculos de la sociedad. Sin embargo, para la mayoría de la gente la ruptura de un matrimonio nunca resulta glamorosa, aunque sí una realidad. En efecto, en la actualidad es raro encontrar a alguien que no haya vivido el divorcio, ya sea de primera mano o a través de la experiencia de sus padres o hijos.

¿Por qué desapareció el estigma del divorcio? La sociedad cambió; el papel de las mujeres también y ahora pueden ser económicamente independientes, lo que era imposible hace unos años. Una consecuencia de esto fue que ya no deben soportar relaciones insatisfactorias por temor a perder sus fuentes de ingreso. Otra razón es que la religión es menos preponderante en el mundo moderno y por consiguiente las reglas religiosas que dominaban la sociedad no conservan tanto poder. En países profundamente católicos u ortodoxos, como Italia, España, Chipre o Grecia, los índices de divorcio están en su punto más bajo.

Por supuesto, el debilitamiento de la religión y el auge del feminismo no son las únicas causas del incremento de los divorcios y la desaparición de su estigma. Entran en juego muchos otros factores, aunque un tema común es que tanto los individuos como la sociedad aceptan menos aquello que no les resulta placentero o que consideran insoportable, por lo cual si nuestros matrimonios se quebrantan de manera tal que no admiten reparación alguna, ya no sentimos el deber de pasar cojeando por la vida sin la esperanza de ser felices con otra persona. Y eso debe ser bueno.

En todo el mundo se abren los candados del matrimonio

El número de parejas que se divorcian a escala mundial crece año con año. En muchos países, prácticamente una de cada dos parejas

Sugerencia

Revisa tus expectativas. A pesar de que el divorcio es una herramienta útil y poderosa, debe ser manejada con todo cuidado. Quizá necesites terminar con tu matrimonio pero ¿por qué no realizan un último análisis de la situación?

- ¿Esperan una relación perfecta?
- ¿Suponen que nunca van a discutir?
- ¿Siempre esperan hacer lo correcto?
- ¿Siempre imaginaron que iban a hacer lo que les pareciera?
- ¿Suponen que no es necesario esforzarse por la relación?

Si tú y tu pareja contestaron que sí a más de dos preguntas, entonces quizá piensan que los cuentos de hadas son verdaderos.

Ideas destacadas

"La vida no empieza ni termina como creemos que lo hará. El amor es una batalla, el amor es una guerra, el amor es crecimiento."

JAMES BALDWIN, *escritor estadounidense*

que dijeron "sí, acepto", ahora dicen "no, gracias". Bielorrusia encabeza la lista con un asombroso porcentaje: 68% de los matrimonios termina en divorcio. Reino Unido se encuentra cerca, con una tasa del 53%, y en Estados Unidos 49% de las parejas casadas llegan cada año a un tribunal de lo familiar para solicitar el divorcio.

¿Deberíamos comenzar a entregar los formatos de divorcio con cada acta de matrimonio para ahorrar tiempo? No todos los países declaran una carrera frenética hacia el colapso matrimonial. Por ejemplo, en Italia sólo 12% de los matrimonios acaba en divorcio; en Chipre esta cifra es de 13%; en España de 17% y en Grecia de 18%. Quizás sea por el clima mediterráneo o por algo que le agregan al aceite de oliva, pero es muy probable que en estos climas soleados lleguen hasta el final de la carrera, a diferencia de muchos otros países.

Intenta otra cosa

Ni siquiera los príncipes y las princesas pueden vivir su cuento de hadas. Lee alguna revista de sociales y espectáculos y observarás que cualquiera puede pasar por un divorcio.

¿Dónde radica la diferencia? ¿Por qué en algunos países el divorcio es una epidemia y un mal raro en otros? ¿Acaso la geografía determina el éxito de tu matrimonio o existe alguna otra medida preventiva que no sea mudarse a la Toscana? Obviamente, no es fácil diagnosticar una causa general para el aumento de los divorcios en el mundo, pero los hilos comunes de la religión y del papel de las mujeres se devanan de casi todas las estadísticas. Es importante señalar que las cifras no pintan el cuadro completo. Para cada pareja, el matrimonio y el divorcio siempre son únicos.

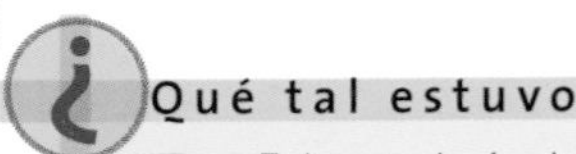

¿Qué tal estuvo?

P ¿Existe todavía el estigma vinculado al hecho de ser un papá o mamá soltera?

R A medida que el divorcio se vuelve más habitual, mamás y papás solteros ya no son tan reprobables. Es muy simple: cuantos más haya, menor será la crítica de la sociedad.

P ¿Cómo se hace para no formar parte de las estadísticas?

R La comunicación, el amor, la comprensión y la tolerancia son elementos esenciales para que funcione cualquier relación. Sin embargo, a veces ni siquiera estas cualidades son capaces de transformar algo que está mal. Aunque tu matrimonio haya fracasado, no te veas como parte de las estadísticas, sino como un individuo. Aprende del pasado y avanza hacia tu futuro.

Quizás el dicho "un clavo saca otro clavo" te funcione, pero...

Todos sabemos que el deseo no dura mucho tiempo. No obstante, la pasión puede lograrlo. Antes de mezclarte en una aventura, trata de encender de nuevo la mecha de tu matrimonio. ¡Puedes conseguirlo!

Nadie considera extraño que un hombre de mediana edad se apasione con su equipo de futbol como si fuera un niño o que una mujer se entusiasme tanto como una niña cuando va a las tiendas departamentales. Esto se ve como "normal". Pero la pasión de una pareja que lleva mucho tiempo junta se considera inusual, rara e incluso extraña. No tiene por qué ser así.

Casi todos suponemos que la pasión en el matrimonio se agotará después de cierto tiempo; consideramos que es normal estar más interesados en acariciar al perro que a nuestra pareja. Y si pensamos que algo puede suceder, lo más probable es que así ocurra.

Como parejas con mucho tiempo de casadas, no estamos programados para la pasión. Por eso tantas relaciones se anquilosan antes de su fecha de caducidad. Por supuesto, nadie pretende que se deseen como adolescentes desenfrenados, pero un matrimonio sin sexo puede ser poco saludable y bastante destructivo.

La televisión nos ha hecho creer que el sexo es una apasionada y retozante montaña rusa en un festival del amor, mucho mejor si lo practican dos personas hermosas que tienen menos de 30 años. Si no es así, bueno, lo mejor es no molestar y, en lugar de eso, dedicarnos a la jardinería. No tiene sentido. El sexo entre la gente real adopta muchas formas. Si ustedes se encuentran en esa montaña rusa, ¡bravo! Pero si no, no se rindan. Una vuelta en el carrusel, encantador, menos veloz y ligeramente pasada de moda, puede ser tan placentera y provocará indudablemente menos revolturas estomacales que la más atrevida de las montañas rusas. El secreto radica en encontrar algo bueno para ambos.

Sugerencia

Envíale a tu pareja un mensaje de texto que diga: "te amo y extraño tenerte entre mis brazos. Me encantaría que esta noche hiciéramos el amor y espero que esta idea también te haga feliz." Claro, hazlo con tus propias palabras. Debes sentir verdadera comodidad, pero trata de que el mensaje sea abierto y sencillo. Un mensaje por correo electrónico o un texto escrito atrevido puede ser lo único que necesitas para revivir la pasión en tu relación. Tiene todas las características de una escapada amorosa con otra persona y, por consiguiente, incluye todas las sensaciones excitantes.

Pero, ¿cómo? Dejaron de hacer el amor, el gato duerme más cerca de ti que tu pareja y vagamente recuerdas que la última vez que tuvieron relaciones sexuales te habías embriagado con el jerez en alguna Navidad. Ahora están hablando de divorcio. Después de todo, el cartero empezó a parecerte más atractivo que tu esposo, y más cuando tensa los músculos al levantar su mochila. Y si eres hombre, la mujer de la verdulería manipula los tubérculos de una manera que te afloja las piernas.

Si tu pareja se siente tan entusiasmada como si se tratara de un paseo por el supermercado, quizá *sea* el momento de cambiar las cosas, cortar por lo sano y ver si puedes despertar la pasión de otra persona. Pero si experimentas un ligero cosquilleo cuando miras a tu pareja, entonces probablemente valga la pena un paseo por el parque de diversiones antes de firmar en la línea punteada y terminar para siempre.

Hablemos de sexo

¿Han hablado alguna vez de sexo o acaso llegaba tan naturalmente que no había necesidad de hablar y ahora no saben cómo abordar el tema? Traten de hacerle frente al tema, incluso si preferirían andar desnudos por la cadena más grande de supermercados antes que hablar de sexo (especialmente cuando hablar de divorcio parece una opción más sencilla).

Recuerda que lo más fácil no siempre es lo mejor y que hay varios puntos de vista para cada problema. Sólo piensa en el sinfín de medios con los cuales contamos para comunicarnos: teléfono, fax, correo electrónico, mensaje de texto, incluso la eficaz y anticuada carta manuscrita. No tiene por qué ser complicado. Algunas veces, especialmente si ha pasado mucho tiempo desde la última ocasión en que hicieron el amor, las explicaciones y las acusaciones largas y enrevesadas sólo pueden convertirse en otro obstáculo

Intenta otra cosa

Si efectivamente no pueden sentarse a charlar, ¿por qué no buscan un tercero que intervenga en la situación? Échenle un vistazo a la IDEA 15, *Dejen de odiarse y empiecen a comunicarse*, para saber por dónde comenzar.

¿Facilidad de palabra? Entonces, ¿por qué no intentar un romance epistolar tradicional? En caso contrario, la simplicidad de un correo electrónico o de un mensaje de texto podría funcionar. Quizá parezca frío y superficial, pero si no consiguen hablar cara a cara, deben encontrar un catalizador que permita el inicio del diálogo. ¿Qué pueden perder? Una vez que logren hablarse de frente, estará más cerca la meta final de *hacer* otras cosas de frente.

Sean valientes: dialoguen antes de separarse; intenten hacerlo fuera de la recámara. Quítale presión a la situación: abre una botella de vino o salgan a caminar juntos, pero asegúrate de que tu pareja se sienta confiada, especial y amada.

Ideas destacadas

"El sexo es una emoción en movimiento."

MAE WEST

¿Qué tal estuvo?

P ¿Por qué no funcionó? Le envié a mi marido un correo electrónico atrevido a su trabajo y se puso furioso.

R Quizá trabaja en una oficina sin divisiones o comparte la computadora y se sintió avergonzado porque alguien más vio tu correo. Discúlpate y olvídate del tema durante un rato y trata de hablarle en un contexto relajado. La próxima vez, piensa cuándo y en qué circunstancias pueda recibir el mensaje.

P ¿Por qué mi esposa no me contestó? Le dije que me siento frustrado porque ya no hacemos el amor y que quizá tendría que buscar a alguien que quisiera tener relaciones sexuales conmigo.

R ¡No me sorprende que no te haya contestado! Nunca amenaces a tu pareja con la infidelidad. Inténtalo nuevamente y concéntrate en ella. Dile que la extrañas y que extrañas la intimidad que el sexo le da a su relación. Dile que es atractiva y sexy. Seguramente esto funcionará mucho mejor que las amenazas.

3

Te lo dije...

¿Tiemblas de miedo porque vas a contárselo a tu familia? ¿Te preocupa su reacción y tienes hasta algo de terror? ¿Temes su desaprobación o su falta de apoyo? Mantén la calma y controla la situación.

Es normal sentir aprehensión cuando te dispones a anunciar a tus padres un cambio de vida. Pero no tiene sentido demorarlo: cuéntales de una vez.

Los sucesos que cambian la vida, por ejemplo las separaciones y el divorcio, pueden hacernos sentir muy solos y asustados. Nuestras rutinas habituales se quebraron; la seguridad que se obtiene de la esfera familiar quedó deshecha y nos movemos en territorios completamente novedosos. En momentos como éstos, si aún somos lo suficientemente afortunados como para tenerlos en nuestra vida, sentimos la necesidad de contar con nuestros padres.

Un padre perfecto amará a su hijo incondicionalmente y constituirá una fuerza de apoyo y de comprensión permanente a lo largo de toda su infancia y de sus años adultos. Pero como sabemos, muy pocas relaciones son perfectas y esto es cierto tanto para una relación entre padre e hijo como para cualquier otra. Quizá tengas la fortuna de contar con padres que te apoyen sin condiciones mientras atraviesas por tu divorcio, pero en caso de que no sea así y te sientas decepcionado y desilusionado por la respuesta que te dieron, vale la pena recordar que aunque creas que deberías estar en el centro de los pensamientos de todo el mundo, tus padres tendrán sus propios problemas. Tal vez también necesiten

Sugerencia

Prográmate con anticipación para los mares de llanto. ¿Qué vas a hacer? Puede ser bastante decepcionante ver a tus papás llorar y no querrás acabar huyendo en busca de tus abuelos. Prepárate para esta reacción antes de contarles, de manera tal que si se ponen emotivos tengas más fuerza para enfrentarlo (y si no ocurre, será una sorpresa agradable para ti). Dales tiempo para que se recuperen, prepara una taza de té y, si la relación lo permite, dales un abrazo.

algún tiempo para adaptarse a los cambios y tensiones que les traerá tu divorcio. Si tienes hijos, esto será más evidente.

Después de todo esto, ¿cómo explicarles? Definitivamente, la mejor alternativa es ser completamente sinceros y honestos sobre la situación. Quizá prefieras ocultarles algo para ahorrarles una preocupación, pero el divorcio es una separación final entre tú y tu cónyuge y es preferible la franqueza sobre la situación desde el principio. Nunca pienses que el resto de la gente no puede sobrellevar la realidad de tu propia vida.

Haz de tripas corazón

De acuerdo, ha llegado el momento de darles la mala noticia y quieres hacerlo sin estremecerte, sin temblar y sin chuparte el dedo. ¿Cómo enfrentarte a ese encuentro en persona? La clave radica en que lo ensayes mentalmente. Es posible que te hayas formado una idea razonable de cuál podría ser su reacción. Si tu mamá y tu esposa horneaban pasteles juntas y contentas todos los sábados o tu esposo y tu papá veían juntos en la televisión todos los partidos de futbol de su equipo favorito y comían hamburguesas y papas, la noticia no les va a despertar mucho entusiasmo.

Intenta otra cosa

Si empiezan a enojarse, utiliza las técnicas para manejo de la ira de las que se habla en la IDEA 13, *¿Estamos hablando el mismo idioma?* Te ayudará para que no empiecen a lanzarse cosas.

Imagina cuál sería la peor de las reacciones y planea algunas respuestas. Explícales que a pesar de saber que ellos eran muy cercanos a tu pareja, la intimidad entre ustedes, como marido y mujer, ya no existe. Los argumentos largos e intrincados no te llevarán a ningún lado. Trata de ser simple, de sentir tranquilidad y de ir directamente al grano cuando les expliques la situación y respondas a sus preguntas. Respirar hondo y concentrarte en una idea clara de tus metas y objetivos te servirá para mantener la calma durante la conversación.

Quizá se aprovechen del drama y te digan que perder a su yerno o a su nuera es como perder a uno de sus hijos. Si no tienes problema con que tus padres continúen una relación con tu ex, platica con ellos sobre el tema para que se queden tranquilos. Si esta situación te afecta, muéstrales firmemente que también es dolorosa para ti y reafírmales que tú siempre serás su hijo cualquiera que sea tu situación matrimonial.

¿Qué pasa si después de haberles dado a tus padres la noticia de la manera más calmada posible, tu mamá y hasta tu papá rompen en lágrimas tales que podrían ahogar al perro? ¡No entres en pánico! Aquí es donde aparece el ensayo mental.

Ideas destacadas

"Los hijos endulzan las penas, pero hacen más amargas las desgracias."

FRANCIS BACON

Acaso pensaste que su reacción sería completamente distinta de la que esperabas. Quizá tus padres siempre te advirtieron de lo funesta que era la relación con tu cónyuge y ahora sienten que les toca pagar las consecuencias.

Al menos estarán de tu lado, aunque también debes cuidarte de no caer en un patrón negativo satanizando a tu ex.

Tus padres no son perfectos y tendrán sus propias opiniones y puntos de vista acerca de tu divorcio. Debes mantenerte firme y concentrarte en lo que necesitas. Recuerda: si eres lo suficientemente mayor como para casarte y divorciarte, entonces también lo eres para enfrentarte a tu mamá y a tu papá.

¿Qué tal estuvo?

P Estaba preparado para la desilusión inicial, pero ¿qué hago para que mi mamá deje de llorar cada vez que me mira?

R No puedes hacer nada, únicamente decirle que sus lágrimas te hacen sentir peor y esperar que produzca algún efecto. Si eso no sucede, recuerda que sus reacciones son responsabilidad suya, pero cómprale una caja gigante de pañuelos desechables.

P Le expliqué a mi papá la situación lo mejor que pude. ¿Por qué sigue culpándome del divorcio?

R Mejor pregúntaselo a él. Dile que estás sumamente confundido por su respuesta y pídele que te explique por qué te culpa. Si te encuentras demasiado enojado o decepcionado para hacerlo, pídele a tu mamá o a uno de tus hermanos que hable con él en nombre tuyo.

Calma tu sed en la red

El divorcio ya pasó, ya hiciste el duelo o la celebración correspondiente y ya te sientes mejor para volver con alguien más al escenario de las citas. Hoy en día, Internet puede representar un espacio genial para encontrar a alguien y divertirte un poco. Hasta podrías enamorarte.

¿Por dónde demonios empezar? Cuando estás tratando de construir una nueva vida, puedes utilizar la última tecnología disponible para que cuando vuelvas a salir con alguien sea lo menos doloroso posible.

Conéctate por amor

Entrar de nueva cuenta al juego de las citas puede resultar desalentador después de un divorcio. Por supuesto, algunas personas están tan impacientes por volver a montar el caballo del amor que la tinta apenas se está secando en la sentencia definitiva y ya se hallan sentadas frente a la barra de su club local de solteros. Pero para quienes, como nosotros, una visita a un club de solteros es casi tan divertida como ir al dentista, la red puede ser una opción.

Piensa en esto: aparte de que te imagines como el alma de una fiesta para conseguir rápidamente una cita, ¿dónde más encontrarás 30 candidatos en una noche? ¿Dónde es posible declarar abiertamente lo que quieres de una nueva pareja sin que te consideren prepotente?

Tener una cita por medio de Internet es un regalo de los dioses cibernéticos para quienes pasamos por un divorcio. Se trata de una oportunidad para ser muy cuidadosos y no volver a cometer los mismos errores: encontrar el mismo tipo horrible de pareja o caer nuevamente por otros ojos coquetos a los que se les va la vista cada vez que pasa alguien más. Arreglar una cita en línea nos brinda un punto de vista claro y la posibilidad de descartar a muchas personas mentirosas sin tener que encontrarse con ellas. Todo lo que se necesita es una conexión a Internet, escribir tu perfil personal, seguir algunas indicaciones fáciles y, seguramente, el viernes estarás besándote en la última fila del cine.

Sin embargo, tu seguridad personal debe anteponerse a cualquier otra cosa. Internet se ha hecho de mala reputación en lo que a relaciones personales se refiere. Sólo se trata de algunas manzanas podridas que echaron a perder la sidra. Si te limitas a visitar sitios confiables, no hay motivos para sospechar que tener citas en línea plantee peligros especiales. Incluso, puede resultar más seguro conocer gente en línea que en la discoteca.

Pide a tus conocidos que te recomienden las direcciones adecuadas para citas en línea y no te olvides de verificar primero la política de privacidad. Un sitio legal debe garantizarte que no compartirá tu información personal con nadie. Además, es menester que te asegure el anonimato de la correspondencia hasta que decidas que ya es momento de intercambiar correos electrónicos privados.

Cibercupido

¿Sabías que Date.com, una agencia estadounidense de contactos por Internet, afirma que su sitio conduce a un matrimonio por semana? Pero aunque tus intenciones no sean tan serias, es fácil que encuentres en la red un partido electrónico de ensueño.

Para comenzar, crea un nombre en línea para ti que sea atractivo, positivo y divertido. En lugar de llamarte "solita pero bonita", trata con un "nacida para el placer", por ejemplo Mantén tus detalles breves y dulces, pero omite cualquier defecto que creas que tienes. Comienza en la primera línea con una descripción física que te favorezca e incluye una buena foto. Las estadísticas demuestran que tienes ocho veces más probabilidades de recibir una respuesta si hay una foto en tu perfil Hasta una mala foto es mejor que nada.

Sugerencia

Expresa lo que pides en una posible pareja con toda claridad y redacta una lista. No tengas miedo de plantear que te gustaría una persona fumadora o alguien que cuide su condición física y sea vegetariana. Esto puede evitar que pierdas mucho tiempo con gente que no es adecuada para ti. Al momento de filtrar tus respuestas, concéntrate en las que te atraigan. Si a esa persona le encanta bailar salsa, comer fuera y la lectura, igual que a ti, pero tiene una pésima ortografía, ¡olvídate de la gramática y vete con ella!

Incluye detalles concretos, como tu película favorita, la música que te gusta y qué pasatiempos tienes. Añade alguna de tus aspiraciones de manera que des la impresión de ser una

Intenta otra cosa

¿Tu divorcio está tomando tanto tiempo que tu próxima cita la tendrás en el geriátrico? Revisa la IDEA 11, *Citas conflictivas*, y encontrarás las ventajas y las desventajas de salir con alguien antes de tener la sentencia definitiva del divorcio.

persona con metas y un futuro positivo, pero no se te ocurra decir algo como "me muero por tener un hijo antes de Navidad", a menos que quieras que tu correo electrónico siga vacío.

Una vez que descubras a tu posible cita, es momento de comenzar una relación por correo electrónico. La mayoría de los sitios permiten que explores gratuitamente sus listas y hasta que mandes tu perfil. Pero cobran si quieres responderle a alguien.

Después de que se hayan escrito un tiempo, empiecen a conversar por teléfono. Siempre y cuando te sientas a gusto, concierta una cita y espera a que Cupido dispare su flecha.

Cuando tengas una cita, cuéntale a alguien adonde irás, incluso aunque te sientas completamente seguro de ti, y encuéntrate con un amigo después. Escoge un lugar público lleno de gente y recuerda que siempre debes confiar en tus instintos. Si sientes malas vibraciones, aléjate.

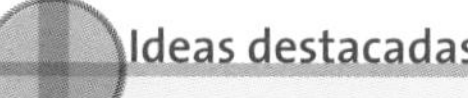

Ideas destacadas

"No temas dar un gran paso. No puedes cruzar un abismo en dos pequeños pasos."

DAVID LLOYD GEORGE,
Primer ministro de Inglaterra de 1916 a 1922

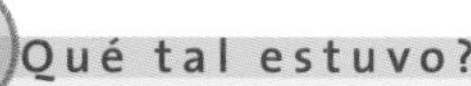

¿Qué tal estuvo?

P Me gustaría intentarlo, pero siento un poco de inquietud. ¿En la red se encuentra algo más que bichos raros o adictos a la informática?

R ¡Por supuesto que sí! Hay mucha gente como tú. Podrías probar con un sitio especializado para asegurarte de que la gente que esté ahí piense como tú o explorar determinados sitios habituales. Te sorprenderás de ver cuánta gente común y corriente busca citas por Internet.

P ¿Por qué nadie me ha respondido? Mi información personal está registrada desde hace semanas.

R Quizás la respuesta esté en tu perfil. Pídele a alguien de confianza que lo lea y te cuente su reacción. Tal vez te muestras como una persona negativa. Si pusiste algo como "soy talla 16 y vivo constantemente a dieta", cámbialo por "soy una chica preciosa con una silueta de guitarra y me encanta cenar fuera". Todo es cuestión de efectos.

El círculo de amigos

Esta idea te ayuda a comprender por qué tu círculo de amigos casados se cierra cada vez más ante la primera mención de la palabra "divorcio". Y además te facilita tener nuevos amigos.

Las cosas cambiaron. Mientras están en la cocina, tus amigos cuchichean sobre ti encima de los tentempiés. Desde que te divorciaste no volviste a saber de ninguna de las parejas con las que jugabas tenis y comienzas a darte cuenta de que jugar individuales no es lo tuyo.

¿Tus amigos son un grupo excelente o una banda en fuga?

Cuando te divorcias, inmediatamente te das cuenta de que el enfoque de *Los cinco latinos* para la amistad sólo le funcionó a la famosa escritora inglesa de libros para niños Enid Blyton, autora de la serie *Los cinco*. Desafortunadamente, durante y después del divorcio, "cinco" ya no es divertido. Te convertiste en "uno" y de repente la vida se muestra muy injusta con los números impares.

Resulta difícil cuando compruebas que muchos de tus amigos adoptan la posición de "separar la paja del trigo" en lo que a la amistad se refiere: una conmoción y todos desaparecen. Pero aunque parezca duro al principio, es mejor saber quiénes son tus verdaderos amigos.

Tienes que esforzarte por las amistades que te quedan. Las cosas cambiaron contigo y seguramente alteran el equilibrio de tus relaciones amistosas. Trata de sincerarte respecto de cómo te sientes. Diles cuando necesites su apoyo y también cuando quieras estar un rato solo. No dejes de tomarlos en cuenta y escucha sus puntos de vista. No te sientas mal si tus amigos te apoyan tanto como una silla coja.

Habrá personas que fueron amistades tuyas durante años, pero tu cambio de estado

Ideas destacadas

"Un verdadero amigo es como un buen sostén: es difícil de encontrar, te levanta cuando estás abajo, te da sustento y siempre está cerca de tu corazón."

ANÓNIMO

civil significa que tienen que realizar algunos ajustes. Muchas parejas que siempre están juntas, como las fresas con la crema, verán tu nueva soltería como una amenaza a su propia estabilidad. De ser el caso, ¡siéntete halagada! Cuando estabas cobijada en el seno del matrimonio tus amigos nunca te habían visto como un ser sexual. Ahora quizá lo hagan, y aunque después de unos tragos nunca te acercarías a tu espantoso amigo Juan, su esposa pensará que eres capaz de llegar a ese extremo. En lugar de sentirte decepcionada y sacar a relucir las características más repelentes de Juan, tómalo como un cumplido. Vuelves a ser soltera y sexy, y la gente se está dando cuenta de ello.

Es momento de que te antepongas a todo, por lo que debes concentrarte en los amigos que te vean a *ti* y no sólo a sus propias inseguridades. Si compruebas que esos amigos son escasos, haz más por ampliar tu círculo social.

Intenta otra cosa

Quizá tengas muchos amigos con tantas opiniones que empiezan a sofocarte. Échale un vistazo a la IDEA 16, *No te gusta de esta manera, entonces hazlo de otra,* y toma un poco de aire fresco.

"De acuerdo, es una buena idea, pero ¿cómo hago para lograrlo?", te preguntarás. Puedes pensar en algo que te interese y que desearías probar, aunque parezca aburrido o loco, y lánzate. Ahora no hay nadie que pueda detenerte. Búscalo en Internet o en la biblioteca y descubre todo lo que puedes hacer.

Aparte de lo interesantes que sean las actividades que te atraigan, lanza el anzuelo de la amistad y fíjate en lo que pescas. Formar un círculo de amigos tan bueno como el de la serie de televisión *Friends* te llevará algún tiempo, especialmente si pasas por un gran cambio en tu vida, así que debes ser paciente. Incluso si te descubres sentado en el sofá de la casa de tu mamá comiendo galletitas por tercera vez en la semana en lugar de estar en la discoteca o el bar de moda, ¡no te asustes! Pero cárgate de energía para que mañana inicies algo nuevo.

Es tiempo de que te antepongas a cualquier otra cosa. El divorcio es difícil, mucha gente se siente aislada y sola durante este proceso, así que si tus amigos no te dan el apoyo que te hace falta, busca otras alternativas. Las familias pueden ser geniales. También puedes adquirir nuevos pasatiempos en los que amplíes tu círculo de conocidos. Si aún no encuentras alguien con quien hablar y que entienda lo que te sucede, prueba con un grupo de apoyo. Hay muchos para la gente que atraviesa por el divorcio, así como para los papás solteros. Búscalos en Internet o en el tablero de avisos de tu biblioteca local o supermercado y muy pronto verás que no es necesario pasar por esto aislado del mundo.

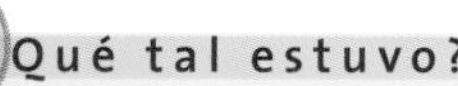

¿Qué tal estuvo?

P ¿Será demasiado tarde para hacer nuevos amigos? Me acabo de divorciar y tengo 59 años.

R ¡Nunca es tarde para la amistad! Cada vez más gente se divorcia cuando tiene 50 o 60 años, por lo que hay muchas personas que se encuentran en tu misma posición. Busca si en tu zona se realizan "noches para divorciados". Si esto no te atrae, prueba con un nuevo pasatiempo o desentierra alguno viejo que te ponga en contacto con gente nueva. Además, recuerda que la otra persona no tiene que ser exactamente de la misma edad ni poseer la misma experiencia que tú para que puedan ser amigos.

P ¿Por qué mi mejor amiga tuvo una reacción tan mala ante mi divorcio? Rara vez me habla y ahora pasa "nuestros" martes con su esposo.

R Probablemente sienta que ahora que volviste a la soltería hallarás nuevos amigos y se protege a sí misma. Quizás sienta que tu cambio de vida es apasionante en muchos sentidos, mientras que su existencia sigue igual. Dile cómo te sientes —que la necesitas más que nunca— y concierten un plan irrevocable para el próximo martes.

El divorcio "a tu manera"

Con el aumento anual de las tasas de divorcio, los bolsillos de los abogados están repletos y muchas personas resienten y es un motivo más de batalla el gasto que representa divorciarse. Hay un modo para no gastar tu dinero: hazlo "a tu manera".

¿Un divorcio "a tu manera" te ahorrará dinero o sólo acumulará los problemas? Si quieres reducir los costos pero no deseas un desastre "a tu manera", aquí tienes algunos consejos que no te costarán una fortuna.

Dado que los honorarios de los abogados oscilan entre cinco días de salario por hora más impuestos y la capa más elevada de la estratosfera financiera, vale la pena seguir un camino "a tu manera" para llegar al divorcio y evitar que tus finanzas queden diezmadas en el proceso. Si piensas que tu futuro ex estaría dispuesto a que el proceso se dificulte lo más que pueda, contrata un abogado para no llegar a la sala de urgencias del divorcio "a tu manera". Sin embargo, si tú y tu cónyuge decidieron separarse de la manera menos dolorosa posible, realizar el proceso ustedes mismos les ahorrará una fortuna.

Te sorprenderá darte cuenta de lo fácil que es realizar el trabajo preliminar, siempre que no haya disputas ni dificultades respecto de las propiedades y los bienes. Tendrás que recuperar tus conocimientos básicos y las nociones elementales de aritmética para entender los formatos que hay que llenar, aparte de obstáculos reales que pudieran presentarse. También existen diversas organizaciones que ofrecen asesoría legal gratuita, tanto en Internet como en los centros comunitarios de tu localidad. Por otra parte, la librería local seguramente tiene varios manuales.

Herramientas de trabajo

En general, si estuviste casado durante al menos un año, puedes solicitar el divorcio si tu matrimonio anda muy mal. El tribunal local que se hace cargo de los divorcios segura-

Sugerencia

¡Divórciate en línea! Hay bastantes sitios en la red que ofrecen servicios de apoyo para divorcio. Muchos tienen una tarifa fija y son una manera más económica de deshacer el vínculo que recurrir a un abogado. Sin embargo, ten cuidado y comprueba bien todo antes de pensar en ahorrar. También hay servicios en los que puedes solicitar un abogado en línea para preguntarle acerca de las cuestiones legales, en lugar de tener que visitarlo en persona. Las recomendaciones personales son la mejor manera de encontrar un servicio adecuado. Si en algún momento del proceso sientes preocupación, recurre a los profesionales y contrata un abogado a la manera tradicional.

mente cuenta con una sección de lo familiar para que recabes los formatos, además de pedir asesoría para comenzar el trámite. En la mayoría de los juzgados de lo familiar te podrán ayudar y también contestar las preguntas que les hagas en el transcurso del proceso.

Lo primero que debes hacer es probar que la relación entre tú y tu cónyuge se ha roto de manera irremediable. Es decir, necesitan tomar la decisión de divorciarse sobre terreno firme. El "terreno firme" es simplemente el conjunto de razones que los lleva al rompimiento y que servirá para mostrarle al tribunal que su necesidad de divorciarse es legítima. Si los términos en que estás con tu cónyuge son amigables, colaboren para establecer dichas bases.

Hay muchas causales de divorcio y aunque varíen en el mundo, el punto en común es que el contrato de matrimonio se ha roto de alguna manera. Las causales son adulterio, conducta poco razonable, separación de común acuerdo por determinado tiempo, separación por determinado tiempo sin consentimiento de ambas partes y abandono del hogar. Cuando se hayan puesto de acuerdo respecto de la causal, completen el formulario correspondiente y envíenlo a los tribunales.

Es probable que tengan que realizar una declaración jurada durante el proceso de divorcio. Suena a película policíaca estadounidense, pero simplemente se trata de declarar a la autoridad competente que dices la verdad. Por ejemplo, tal vez requieras una declaración jurada de que las causales de tu divorcio son ciertas. Puedes hacerlo por tu cuenta directamente en la corte y, aunque tengas que pagar una cantidad simbólica, será más barato que pagarle a un abogado.

Lo normal es que un juez revise tu caso y decida si las razones que presentaste para divorciarte son idóneas. También examinará la propuesta de acuerdo que tienen respecto de la manutención y cuidado de sus hijos y

Intenta otra cosa

Si el divorcio "a tu manera" no te funciona, busca ayuda de profesionales en Derecho en el directorio telefónico de tu localidad.

los acuerdos económicos para garantizar que sean justos y equitativos.

Si todo el procedimiento "a tu manera" pasa sin problemas, el juez determinará el medio legal y comenzará el proceso para disolver tu matrimonio. Esto sucede cuando se otorga la sentencia provisional para la primera parte de tu divorcio. Nuevamente se les cobrará algún cargo por estos procedimientos legales, pero no desembolsarán los costos adicionales de los abogados.

Una vez que todo está en marcha y que tú y tu cónyuge llegaron a un acuerdo sobre los términos económicos y para la atención y cuidado de los hijos, entran a la etapa final del divorcio, conocida como "sentencia definitiva". Cuando dicha etapa final se haya iniciado, sabrás que el divorcio "a tu manera" funcionó. A partir de entonces podrás volver a casarte, huir a algún territorio desconocido o simplemente festejar.

Ideas destacadas

"El divorcio es una declaración de independencia en la que sólo firman dos partes."

GERALD B. LIEBERMAN, escritor y filósofo

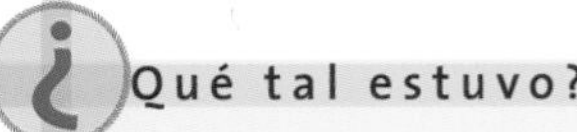

¿Qué tal estuvo?

P Mi pareja cometió adulterio pero cambió de opinión respecto de admitirlo en un juicio. ¿Puedo continuar con el divorcio "a mi manera"?

R No, no puedes hacerlo cuando la causal es adulterio. Si quieres seguir un caso de adulterio, me temo que deberás instruir a un abogado.

P ¿Puedo representarme a mí mismo ante los tribunales?

R En algunos casos es posible. No obstante, no te aconsejaría que lo hicieras. Parece una buena manera de ahorrar dinero, pero a la larga puedes perder si tu futura ex pareja tiene un equipo de abogados profesionalmente capacitados.

Piensa un poco en tus hijos

No dejes que tus hijos crean que tu papel después de divorciarte se redujo a llevarlos a comer hamburguesas y pasear por el zoológico el domingo. Ve las cosas desde su perspectiva.

El término "padre de fin de semana" se está volviendo bastante común en nuestra sociedad y está repleto de connotaciones negativas. Sin embargo, si se espera que uno de cada cuatro hijos experimente el divorcio de sus padres antes de cumplir 16 años, debe haber alguna manera de que la separación les duela menos.

El niño tiene que ganar

Un "padre de fin de semana" no tiene por qué convertirse en un "padre debilitado". Sólo porque el lazo entre tu pareja y tú, como marido y mujer, se haya roto, no necesariamente significa que el vínculo entre tus hijos y tú también deba romperse. Si el divorcio es inevitable, traten de ser honestos con sus hijos. A una de mis amigas le aterraba hablarles a sus hijos acerca de su divorcio. Lo pospuso durante semanas hasta el momento en que tuvo que ir al tribunal y ya no podía ocultar más los hechos. Finalmente, cuando decidió decírselo a sus hijos, de 13 y 10 años, lo último que esperaba era que la miraran solemnemente y le dijeran: "Papá se mudó hace semanas, así que ya sabíamos que se iban a divorciar. Esto es común en mi escuela. Pero habría sido mejor que nos lo contaras para que no tuviéramos que adivinar." Los niños no son tontos y merecen la verdad. El solo hecho de decirles y reafirmarles el amor que ustedes les tienen eliminará cualquier miedo innecesario a lo desconocido.

Los niños son extraordinariamente flexibles y su amor puede estirarse para abarcar una situación familiar extraña. El hijo de un amigo mío tiene tres papás. "Papá bio" (su padre biológico), "Papá Juan" (el primer esposo de su mamá) y "Mi papá" (el segundo esposo, que lo adoptó formalmente). Hoy este niño es un muchacho de 17 años bien adaptado. Él comenta: "sé que mi familia es un poco extraña, pero ser normal me parecería aburrido. Según yo, tengo la suerte de contar con tres papás. Es mucho mejor que no tener ninguno."

Por supuesto, el divorcio siempre afecta a los niños en términos emocionales y prácticos y no hay una edad "buena" o "mala" para que un niño lo viva. De hecho, el enfoque de "quedarse por los niños" puede ocasionarles más daño psicológico si el ambiente familiar se vuelve desagradable y viciado o si las discusiones son la forma básica de comunicación; y en última instancia, es posible que los hijos sientan que la culpa es de ellos.

Cualquiera que sea la edad de tus hijos, el divorcio puede poner en entredicho su sensación de estabilidad y seguridad, de modo que es importante reafirmar cierta normalidad. Una buena manera de hacer esto es establecer rápidamente una rutina, que le impondrá un esquema confiable a la vida de tus hijos. Saber que en la escuela siempre tienen Matemáticas el lunes por la mañana no es muy divertido, pero se trata de una realidad que no cambia. Además, con esa realidad llega la estabilidad y una sensación de que las cosas están en su sitio.

Sugerencia

Que tus hijos sepan que siempre verán periódicamente al padre que se va de casa. Puede ser todos los días o cada fin de semana, pero haz planes para que no cambie, al menos durante los primeros meses. Incluso si tus hijos tienen la posibilidad ilimitada de verte a ti o a tu ex, es importante mantener una rutina.

Intenta otra cosa

Para saber más sobre cómo entender los conflictos emocionales a cualquier edad, revisa la IDEA 20, *Ustedes no pueden divorciarse, ¡son mis padres!*

La repetición también es una herramienta útil para generar estabilidad. Tus hijos necesitan aprender la nueva forma en que funcionará la familia y la repetición es una herramienta clave para este aprendizaje. Repetir tus palabras y acciones puede requerir de mucha paciencia, en especial en una época que obviamente resulta muy difícil para ti, pero al final valdrá la pena. Vas a tener que repetir las mismas respuestas a las mismas preguntas hasta que te hartes y quieras llorar, pero se reafirmará tu posición y consolará a tus hijos. Por ejemplo, preguntas como: "¿por qué tuviste que dejar a papá?", quizá tengas que contestarlas cientos de veces antes de que tengan sentido para ellos. La repetición de palabras y acciones constituye la base del consuelo y la rutina, y es esencial para reparar cualquier daño provocado por el divorcio.

La clave consiste en estar consciente siempre del estado de ánimo de tus hijos y de sus pautas de conducta. Avisa en la escuela y discute la situación con los padres de sus mejores amigos. El aspecto positivo del aumento en el número de divorcios, según las estadísticas, es que probablemente alguno de sus compañeros ya haya pasado por la misma situación. Los maestros conocen los traumas a los que se enfrenta un niño que vive el divorcio de sus padres y saben cómo reaccionar. Muchas escuelas también tienen consejeros que brindan apoyo emocional. Al igual que tú, tus hijos necesitarán contar con una red de apoyo. La familia, los amigos y los maestros pueden constituir una ayuda para proporcionar estabilidad y auxilio cuando tú sientas que te cuesta trabajo.

El divorcio nunca es fácil para ninguna familia, pero si aplicas ideas prácticas, es posible que se vuelva un rito de transición útil para tus hijos, en lugar de constituir sólo un paso hacia la depresión y la desesperación.

Ideas destacadas

"Lo más importante que un padre puede hacer por sus hijos es amar a la madre de sus hijos."

OBVIEDAD CONTEMPORÁNEA

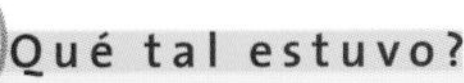

¿Qué tal estuvo?

P ¿Cómo convenzo a mi hija de que mi divorcio no es su culpa?

R Es la respuesta normal de un niño. Es la forma en que entiende la situación. Necesitas proporcionarle otro modo de comprenderla. Explícale honestamente qué fue lo que ocasionó la ruptura. Si es posible, pide la ayuda de tu ex para que le reafirme a tu hija que no fue su culpa.

P ¿Cómo hago para que mi hijo deje de decirle a todo el mundo que su padre y yo seguramente volveremos a estar juntos?

R Explícale de nuevo que un divorcio es definitivo. Significa que tú y tu ex están separados por la ley y que ya no vivirán juntos. Verifica que tu ex no le esté dando a tu hijo otra versión de la historia. Si él dice lo mismo que tú y a tu hijo todavía se le dificulta aceptar la situación, entonces tal vez sea una buena idea que hable con un terapeuta.

El punto de ebullición del mar del amor

¿Aventuras? ¿Traiciones? ¿Aburrimiento? Llegaron al punto de ebullición. Quizá se trate del paso previo a la separación o tal vez es el efecto de darte cuenta de que tu matrimonio puede salir a flote. Piensa en los motivos exactos de que tu matrimonio esté derrumbándose.

Todos presumimos de saber que el matrimonio no siempre es fácil. Pero, ¿estamos preparados realmente para las tormentas que encontraremos en el mar del amor? Lo probable es que no.

El tormentoso mar del amor

Decimos que estaremos juntos pase lo que pase en la etapa del primer brote del amor o en el instante preciso en que comienza nuestra vida de casados. Sentimos que nuestro amor es lo suficientemente fuerte para resistir cualquier tormenta y que resolveremos juntos cualquier situación.

Sin embargo, todas las embarcaciones, desde un bote de remos hasta un buque petrolero, necesitan mantenimiento constante, combustible y cuidados para evitar que se hundan, así como expectativas realistas sobre su durabilidad. Incluso el crucero más hermoso y poderoso de todo el mundo, que parecía imposible de hundir, se fue a pique al primer impacto, ¿no es así? Tal vez decir que el *Titanic* se hundió porque chocó contra un iceberg es quedarse corto, pero el ejemplo sirve para que entiendas a qué me refiero. La conciencia, la previsión y la vigilancia constante de lo que se avecina son claves para evitar que tu matrimonio siga al *Titanic* a las profundidades del mar.

Muchas personas se han preguntado qué habría pasado si los ingenieros no hubieran sido tan engreídos sobre la construcción "perfecta" del barco. ¿Qué habría sucedido si hubieran dispuesto más salvavidas a bordo? ¿Y si hubieran contado con un mejor sistema de alarma en lugar de un solo hombre en el puesto de vigía en la inmensidad de la niebla? La vida está llena de preguntas condicionales

Intenta otra cosa

Tu matrimonio no tiene por qué morirse a causa del aburrimiento. Da un vistazo a la IDEA 2, *Quizás el dicho "un clavo saca otro clavo" te funcione, pero...* y ve si puedes lograr que los dos ardan de pasión en lugar de sentirse irritados.

y lo mismo ocurre con el matrimonio. Si estás pensando en el divorcio, la realidad es que tu matrimonio navega peligrosamente en un mar tormentoso. Es hora de estudiar si puedes evitar que se hunda antes de que los dos tengan que nadar solos tratando de alcanzar la orilla.

El desborde

¿Es posible que ciertas situaciones hiervan a fuego lento antes de desbordarse? Depende de qué haya llevado las cosas al límite de la ruptura y si quieres o no quieres reparar el daño.

La razón más común para que una relación llegue a un punto de crisis instantáneo es la infidelidad. ¿Acaso es posible salvar el matrimonio si fuiste infiel y tu pareja se enteró? Lo primero que debes hacer es preguntarte por qué lo hiciste. ¿Fue sólo una cana al aire o una relación verdadera? Cuando hayas descubierto las causas de tu infidelidad, es posible que veas cuáles son los problemas básicos, independientemente de si quieres o no resolverlos.

Al parecer, una aventura es la principal causa de las rupturas matrimoniales, ya que infringe la premisa básica del matrimonio: la fidelidad sexual. Cuando se descubre la infidelidad, el lazo de confianza entre marido y mujer se daña seriamente. Sin embargo, una aventura no tiene por qué significar que el matrimonio esté condenado al fracaso. Se requiere mucha valentía y dedicación para deshacerse de la culpa y la desconfianza que constituyen el legado de la infidelidad, pero si ambos lo desean suficientemente, puede lograrse.

Los puntos de ebullición también brotan en situaciones que son menos dramáticas pero igualmente destructivas. Tal vez sólo estén

Sugerencia

Si te enteraste de que tu pareja quiere el divorcio y te encuentras en estado de conmoción, es hora de limitar de alguna manera los daños. Debes reducir la angustia antes de que te ocasione un daño irreparable. En primer lugar, date la oportunidad de llorar y gritar los peores sentimientos de dolor y traición; no intentes guardártelos. Después pídele a alguien (a un amigo o familiar) que te visite y converse contigo. Pide permiso en el trabajo para sobrellevar el impacto de la noticia de forma privada y para organizar las cuestiones prácticas. Infórmales que te encuentras en un momento de crisis personal y si tienes hijos, avisa en su escuela. Lo que es más importante, date tiempo para aceptar la noticia antes de tomar decisiones precipitadas. Analiza con cuidado las cosas y comenta todos tus planes con alguien en quien confíes.

aburridos. Es común que se aburran de su pareja, de su casa, de su vida; de repente desean un poco de emoción y de pasión. ¡Lo que quieren es justamente un divorcio! Sin embargo, ¿de verdad creen que el problema radica en los defectos de su pareja o se trata más bien de uno mismo?

Tal vez si primero cambiaras algunos aspectos tuyos para encontrar nuevos estímulos y disminuir el aburrimiento empezarías a considerar las cosas de un modo distinto acerca de tu pareja. Habla sobre el problema, expresa cómo te sientes y ve si hay forma de conseguir lo que anhelas sin tener que dejar tu matrimonio. Comprender las razones más profundas de estos problemas es crucial para cambiar el derrotero que te llevaría directamente al divorcio.

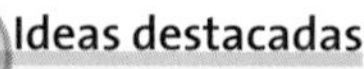

Ideas destacadas

"El divorcio se remonta a la misma época que el matrimonio. Aunque creo que el matrimonio es algunas semanas más antiguo."

VOLTAIRE

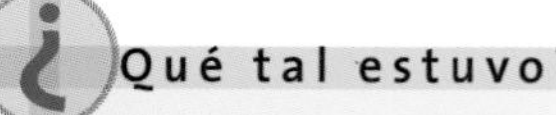

¿Qué tal estuvo?

P ¿Cómo puedo perdonar a mi esposo? Tuvo una aventura con mi mejor amiga.

R Sólo tú puedes decidir si eres capaz de perdonarlo. Date tiempo para superar el golpe. Después de todo, has sido traicionada tanto por tu amiga como por tu marido. Espera a que las cosas estén un poco más claras y hazte las siguientes preguntas: ¿aún lo amas?, ¿puedes confiar en él de nuevo?, ¿lo lamenta y está dispuesto a continuar con el matrimonio? Estas respuestas deben servir para darte un poco de orientación.

P ¿Debo dejar a mi marido? ¡Ya no lo aguanto! ¡Me molesta tanto que apenas puedo soportar una conversación con él!

R Es evidente que has alcanzado el punto de ebullición de tu matrimonio, pero eso no significa que sea el fin. Pregúntate por qué tu esposo hace que te sientas de esa manera. ¿Existe un problema más profundo detrás de tu irritación? ¿Estás lo bastante comprometida con tu matrimonio para averiguarlo y resolver la situación? En ese caso, tú misma te has dado la respuesta.

Déjalo ir...

9

Ya se acabó. Firmaron todos los papeles, llegaron a una sentencia y dejaron de discutir acerca de la repartición de bienes. No obstante, siguen suspirando con angustia, no con alivio. Aquí encontrarán la manera de acabar definitivamente con el asunto y sentirse libres.

Podemos cambiar algunas cosas. Otras podemos repararlas. Y algunas más simplemente debemos dejarlas ir. Esto es más verdadero respecto del divorcio. Tu matrimonio es algo que no pudo cambiarse ni arreglarse, de modo que ahora necesitas dejarlo ir.

El síndrome de abstinencia del matrimonio

Algunas personas pensarían que es la parte más fácil. Después de todo, ya sobreviviste a los procedimientos del divorcio, ¿no es cierto? ¡Lo lograste, felicidades! Sabes que has actuado bien, que has sido fuerte y has terminado el proceso. ¿Por qué no puedes dejarlo atrás y seguir con tu vida?

Somos seres de rutinas y hábitos. Vamos al trabajo todos los días, hay programas de televisión que siempre vemos y tenemos pasatiempos habituales. También tenemos malos hábitos a los que somos adictos y que son muy difíciles de romper, como fumar y beber.

En cierta forma, tu matrimonio era una rutina. Tal vez lo tuviste mucho tiempo y te acostumbraste. Sin embargo, es posible que los matrimonios se conviertan en malos hábitos. Incluso si nos hacen infelices o nos provocan enfermedades, podemos llegar a considerarlos rutinas adictivas difíciles de abandonar. Por eso sientes que te cuesta trabajo dejarlo.

Tu matrimonio era algo que te definía y ahora ya no está. Con el tiempo establecerás nuevas rutinas y con otras personas, pero primero necesitas deshacerte de las viejas. El truco está en dejar de sentir ese síndrome de abstinencia de tu matrimonio y dejarlo que se termine. No creas que vas a superar tu divorcio de la noche a la mañana, pero comienza a hacer elecciones positivas para centrar tu atención en otra parte. Es tiempo que abandones tus malos hábitos para dejar espacio suficiente para los nuevos.

Sugerencia

Si te resulta difícil liberarte de tu matrimonio, redacta una lista de "las diez fallas principales" de tu ex pareja. Escribe todos los hábitos que te crispaban los nervios. Registra todos los puntos negativos y olvídate por un momento de todas las cosas buenas. Cuando tengas la lista final de aspectos desagradables, rómpela en pedacitos y arrójala al cesto de la basura. Al hacerlo, eliminarás la necesidad de aferrarte a tu matrimonio y realmente podrás dejarlo. Sigue con tu vida; ¡te prometo que te sentirás mejor!

¡Suéltate!

Es importante que dejes de aferrarte al pasado. Es hora de que aceptes tu divorcio y el hecho de que esa persona que alguna vez fue tu pareja ahora es tu ex. Concéntrate en ser fuerte y antes que te des cuenta estarás volando hacia tu futuro en lugar de estancarte en los malos hábitos de tu pasado.

Comienza dejando que afloren tus sentimientos. Si esto significa gritar y vociferar, hazlo. Sólo busca un lugar privado donde no te escuchen los demás y ¡grita a todo pulmón! Si sientes enojo, invierte en un saco de arena para boxeo o agarra una almohada y expulsa esa ira de tu cuerpo.

Liberar tus emociones también puede servir para soltar tu pena. No te preocupes por hacerlo ni pienses que eres débil. Si te sientes triste, reconócelo y date permiso de llorar por tu matrimonio. Este aspecto es especialmente importante si eres de los que fueron abandonados por su pareja. Siéntate a ver algunas fotos viejas, en la soledad de tu intimidad o con un amigo, y rememora esos tiempos. Concédete la oportunidad de sentir lo que has perdido y llora si lo consideras necesario. Sin embargo, después llegará la hora de que seques tus ojos, mires hacia el futuro y sigas adelante.

Intenta otra cosa

¿Te divorciaste y dejaste ir tu matrimonio pero sientes que necesitas tiempo para sanar? Recurre a consejos para saber cómo sanar tus heridas sin sumirte en la pena.

Escribe una lista de todas las cosas que has aprendido al pasar por un divorcio. Centra la atención en lo que te ha servido para ser una persona más fuerte y sabia. Felicítate por sobrevivir a una etapa difícil y considéralo un logro. Piensa en ti como en un sobreviviente, alguien que se niega a retroceder, y siente orgullo de haber terminado esta fase. Después, haz una lista de todas las cosas que te parecieron inaceptables de tu vieja relación y las que esperarías de una nueva.

Si te hace falta abrazar algo cálido durante la noche, ¿por qué no tener una mascota? Un perro o un gato pueden proporcionar más compañía y amor incondicional que el que ofrecía tu ex. Además, tener una mascota significa que debes cuidar a alguien aparte de ti, lo cual constituye una motivación invaluable.

Ideas destacadas

"El secreto de la salud de cuerpo y alma es no llorar por el pasado ni preocuparse por el futuro, sino vivir en el presente con sabiduría y con todo el corazón."

BUDA

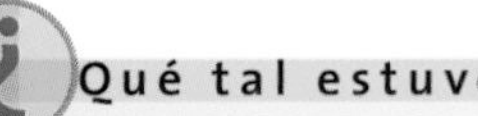

¿Qué tal estuvo?

P ¿Cómo dejo de soñar con mi ex esposo?

R Necesitas poner otras imágenes en tu cabeza antes de acostarte. Justo antes de dormirte, visualiza algo que te gustaría lograr en tu vida. Tal vez un coche deportivo o unas lujosas vacaciones en la playa. Si es viable, consigue una foto y mírala. Los discos de relajación pueden ayudarte a concentrarte firmemente en tus metas positivas para el futuro.

P ¿Cómo hago para dejar de mirar las fotos de mi boda?

R Míralas por última vez. Llora si deseas hacerlo. Después empácalas con cuidado y pídele a un familiar de tu confianza o a un amigo que te las guarde. De esa forma no sentirás tentación de verlas cada vez que te deprimas, pero sabrás que están a salvo y que las tendrás de vuelta cuando te sientas más fuerte.

10

Corta los lazos

Cortar los lazos con tu ex no tiene por qué ser como cortar seda con tijeras. Pero si los nudos que existen entre ustedes confundirían a un cadete de la Marina, entonces deberán comenzar a deshacerlos para seguir con sus vidas.

Es posible cortar los lazos de unión incluso si no pueden deshacerse. En lugar de vivir en el pasado y tratar de desatar la historia entre ustedes, concéntrate en el futuro. Tu divorcio es el instrumento más filoso de tu caja de herramientas. Es capaz de cortar incluso la esclavitud más restrictiva del matrimonio.

¡Que te zurzan un poco!

Es un hecho que el matrimonio los enlaza como pareja. Los mantiene unidos y entreteje casi todos los aspectos de su vida. Sin embargo, cuando las cosas empiezan a salir mal, los pequeños hilos entre ustedes comienzan a romperse. A medida que se separan más y más, los lazos más fuertes se estiran hasta el límite y el divorcio los rompe para siempre. ¿Cabe decir que esto es cierto en todos los casos? Llega a ser sorprendentemente difícil cortar las conexiones con un cónyuge, en especial si el divorcio no fue una decisión de los dos.

Por supuesto, si tienen hijos siempre existirá una conexión entre ustedes. No obstante, esa conexión no debe ser un vínculo que los haga vacilar ante su nuevo futuro. Si efectivamente eres amigo de tu ex, tal vez la paternidad compartida sea mucho más fácil, pero asegúrate de que tus sentimientos se queden en el lado platónico. Es sencillo regresar a la cómoda intimidad del matrimonio, pero puede ser

Intenta otra cosa

Si piensas que cortar los lazos consiste en deshilachar tela con tijeras dentadas, intenta quitarte antes el rencor, de manera que el enfoque sea menos drástico.

Sugerencia

Las noches y los fines de semana resultan solitarios para el recién divorciado y tal vez tengas muchas ganas de llamar a tu ex. ¡No sucumbas a la tentación! Cuanto más contacto tengan, más difícil será seguir con tu vida. Concéntrate en tus amistades. Planea tus fines de semana con antelación y prevé las ocasiones en que te encontrarás sin compañía. Prepara una lista de actividades que puedas llevar a la práctica de forma instantánea. Recuerda, si socializas con amigos comunes, no les pidas información ni dejes que te la den. Los colocarás en una posición difícil o tal vez te digan cosas que no quieres oír.

muy destructivo para una de las dos partes, si la otra no siente lo mismo.

Cabos sueltos

Los lazos entre una pareja casada son prácticos y emocionales. Algunos son fáciles de cortar y otros se resisten mucho más a las tijeras del divorcio. Con frecuencia, la mejor forma de cortar los lazos emocionales entre tu ex y tú es cerciorarse de concluir todos los acuerdos prácticos.

A veces las cuestiones monetarias mantienen el nudo durante años si no las abordas de forma rápida y eficiente. Para evitar esto, consulta a un buen abogado para que obtengas el trato más justo. Cuando hayas llegado a un arreglo, respétalo y ata los cabos sueltos tan rápidamente como sea posible. Cancela todas las cuentas mancomunadas y revisa que las cuentas corrientes, de ahorros y de pensión estén donde corresponde. Verifica que la persona correcta pague las tarjetas de crédito, las órdenes permanentes de débito y los cargos automáticos y cancela todas las tarjetas que no necesites.

Tu casa es parte de los bienes del matrimonio y será tomada en cuenta para cualquier arreglo económico. Si te quedaste con la casa matrimonial, pregúntate si quieres seguir viviendo ahí. Si te cuesta dejar atrás la unión, permanecer en la casa que compartiste con tu ex podría ser una mala decisión, ya que estará repleta de recuerdos, buenos o malos, así que considera la posibilidad de mudarte para cortar de tajo los ecos emocionales de vivir en el hogar sin compartirlo con tu cónyuge.

La custodia de los hijos, las visitas y su pensión representan una parte clave de tu divorcio. Si tus hijos mantienen contacto con tu ex, entonces habrá un lazo inevitable entre ustedes. Trata de verlo como algo positivo. Los padres

Ideas destacadas

"El momento decisivo en el proceso de crecer se encuentra cuando descubres el centro de tu fuerza interior que sobrevive a cualquier dolor."

MAX WERNER, escritor

divorciados todavía pueden ser buenos padres y en este caso, conviene cierto grado de asociación. Pero, si es doloroso o muy molesto mantener una comunicación con tu ex, dirige la atención a los niños. Asegúrate de que todos los contactos y conversaciones que sostengas traten acerca de tus hijos. No te mezcles en otros aspectos de la vida de tu ex, ya que así será todavía más difícil que sigas con la tuya.

¿Qué tal estuvo?

P ¿Cómo corto los lazos con mi ex marido, si estuvimos juntos desde que éramos adolescentes?

R En primer lugar, acepta que será difícil y que tomará tiempo. Después, aborda las cuestiones prácticas. Vuelve a usar tu nombre de soltera; esto te proporcionará una mayor seguridad respecto de tu identidad individual. Concéntrate en todas las cosas que te hacen única y distinta: tu empleo, tu ropa, tus intereses. Desarróllalas y experimenta con ellas; pronto descubrirás al individuo que quedó atado dentro del matrimonio.

P Es la graduación de mi hija y su mamá y yo estamos pasando por un divorcio desagradable. ¿Cómo puedo brindarle apoyo si estoy seguro de que terminaré gritándole a su madre?

R Es el día especial de tu hija y nada debe interponerse en su camino. Sin embargo, no quieras jugar a la familia feliz. Ese lazo se ha roto. Habla con tu hija y encuentra la forma de estar ahí sin desencadenar la Tercera Guerra Mundial. Tal vez puedas sentarte en otro lado durante la graduación. Si tu hija desea con desesperación una foto familiar, aprieta los dientes y sonríe. Sin embargo, niégate a participar en conversaciones referentes al divorcio y evita la comida familiar. En lugar de ello, llega a un acuerdo con tu hija para salir a solas con ella, antes o después de la ceremonia.

Citas conflictivas

¿Te encontraste con alguien a quien detestas? Tal vez sólo quieras a alguien con quien salir y divertirte un poco para variar. Cualquiera que sea tu situación, debes conocer las ventajas y las desventajas de salir con alguien durante el divorcio.

Casi todo lo que lees respecto de las citas durante el divorcio es negativo. De hecho, me sorprende que no suenen alarmas estruendosas cada vez que escribes "citas + divorcio" en una búsqueda en la red. ¿Es ésa la última palabra?

¿Se trata de romance o de futbol entre víboras de cascabel?

En teoría, no hay motivos para que una cita antes de la sentencia definitiva sea tan riesgosa como jugar futbol descalzo contra una víbora de cascabel. Aceptémoslo, cientos de personas tienen citas durante su divorcio, así que bien podríamos reconocerlo y asegurarnos de que se realicen de forma tan positiva como sea posible.

Antes que nada, es importante reconocer la diferencia entre "tener una cita" y "cohabitar". Si cohabitas con otra persona antes de que el divorcio esté formalmente concluido, estás pidiendo a gritos un dolor de cabeza legal. La cohabitación puede sonar como algo que una tortuga hace con otra tortuga en noviembre en una caja de cartón repleta de periódico, pero es el término legal para el acto de vivir juntos. En otras palabras, significa que compartes tu lugar de residencia y gastos con otra persona. Ni siquiera es necesario que esta relación sea descarada para que tenga un efecto negativo tu caso. La corte puede pensar que debido a que compartes tus gastos con otra persona, tendrás más fondos para la pensión. Y viceversa. Si eres la esposa que recibe la pensión y compartes esa caja de cartón acogedora con otra "tortuga", tu necesidad de dinero puede considerarse menor y repercutir en los pagos que vayas a percibir.

La cohabitación antes del divorcio también es posible que afecte los pagos de pensión para los hijos y las visitas. Un juzgado de lo familiar antepondrá siempre el bienestar emocional de tus hijos al tuyo. Por lo tanto, si el juez considera que la cohabitación con una nueva pareja es perjudicial para la salud emocional de tus hijos, fallará en consecuencia.

El segundo aspecto que hay que considerar es la reacción de tu cónyuge. Si hubiera cualquier sentimiento desagradable entre ustedes —y aceptémoslo, es poco común que los divorcios estén llenos de sonrisas amigables—, es posible que considere tu nueva relación como municiones, dentro y fuera del juzgado.

Sé consciente de que el más manipulador de los dos aprovechará cualquier oportunidad para descargar su ira y cobrarse la revancha. Así que mantén tu vida personal en esos términos, personales. Si no lo haces, deberás mantener tus objetos personales alejados de tijeras puntiagudas.

Sugerencia

¿Tienes una cita? Entonces asegúrate de no convertirte en una persona tan aburrida que sólo hable de los detalles del divorcio. Es una trampa en la que muchas personas caen y despues terminan preguntándose por qué sus citas no quisieron volver a verlas. Así que, en vez de aturdir a la otra persona con los pecados de tu maléfico próximo ex, recuerda que tienes una cita porque se supone que debes divertirte. Esto es más sencillo si organizas que la actividad de la cita sea el tema de la conversación: una película, ir al teatro o a un encuentro deportivo les dará una experiencia mutua de la cual hablar más tarde mientras toman una copa.

Intenta otra cosa

Te gustaría tener una cita, pero sientes que te pareces más a Jorge, el cartero, que a George Clooney. Concéntrate en lo que vales como persona y en tus aspectos destacables. Así borrarás cualquier pensamiento negativo.

Sigue las reglas

Si sigues unas cuantas reglas sencillas podrás convertir las citas en algo seguro y divertido mientras esperas la sentencia definitiva.

- ***La primera regla es ponderar los riesgos que implica y actuar en consecuencia.*** Si el que será tu ex se pone más salvaje con el divorcio que una hiena muerta de hambre con un antílope obeso, ten cuidado. Si ya cuentas con la sentencia provisional de divorcio, es mucho más fácil tener citas sin riesgos. Sucede así porque tu petición de divorcio ha sido aceptada por los motivos que solicitaste y simplemente estás esperando la sentencia definitiva.

- ***La segunda regla consiste en evaluar tus motivos.*** ¿Para qué quieres tener una cita? Tal vez has estado fuera de circulación durante mucho tiempo y es hora de seguir con tu vida. Quizá sólo necesites reírte un poco y te haga falta algo de adulación por parte del sexo opuesto después de años de vivir en un matrimonio que hace que el drama de cualquier telenovela parezca una comedia. Si ése es el caso, ¡estupendo!, sigue adelante y ten tu cita. Sin embargo, si sólo quieres salir con alguien para que tu ex sienta celos, mejor vuelve a pensarlo.

- ***La tercera regla es no complicar las cosas.*** Sal con alguien para divertirte y no para encontrar a la pareja de tus sueños. Si alguien te invitó una copa, ve por una copa. Elimina de tu mente cualquier pensamiento de que esta cita podría ser "la cita".

Salir con alguien durante el divorcio es una cuestión delicada, pero si sigues los lineamientos, un poco de compañía del sexo opuesto puede resultar justo lo que necesitas para levantarte el ánimo. Sólo trata de que la ocasión no se torne pesada. Tener una cita durante esta etapa de tu vida, que de por sí es de tensiones emocionales, debe abordarse con precaución y respeto, pero no con temor. Si te asusta que tus citas pongan en peligro tu divorcio, no las tengas, ¡espera!

"En general evito la tentación, a menos que no pueda resistirla."

MAE WEST

¿Qué tal estuvo?

P Mi divorcio está durando tanto que tendré mi fiesta de retiro antes que mi próxima cita. ¿Es legal salir con alguien antes del divorcio?

R Si no has obtenido tu resolución provisional de divorcio o tu sentencia definitiva, todavía estás legalmente unido en matrimonio. Por lo tanto, si tienes relaciones sexuales con alguien que no sea tu cónyuge, puede ser considerado adulterio.

P ¿Le digo a mi cita que estoy a la mitad de un divorcio?

R Sí. Siempre es mejor ser honesto. Sé completamente sincero pero sin darle demasiado peso a las cosas. Si tu cita se siente incómoda con la situación, acuerda que no se vuelvan a ver.

Mediación y no litigio

Ésta es la situación: ninguno de los dos va a cambiar de opinión, dijeron todo lo que tenían que decir y aún no pueden ponerse de acuerdo respecto de un divorcio apropiado para ambos. Están pensando en acudir a los tribunales, ¿verdad? ¡Grave error! Todavía existe otra posibilidad, la mediación, y podría servirles.

Incluso si sientes que te golpeas la cabeza contra una pared, la mediación podría ser la clave para llegar a ese acuerdo tan difícil de alcanzar. Es menos cara que el litigio y ciertamente menos dolorosa que el método de golpearte la cabeza.

Para extraer el veneno de tu divorcio

Ubicada a mitad de camino de la autopista entre la asesoría legal y los tribunales, la mediación es una gasolinera visitada con frecuencia porque los divorcios se vuelven cada vez más complejos. La mediación no tiene la intención de ser una forma de terapia ni un sendero hacia la reconciliación; apunta firmemente a las parejas cuya relación se ha roto y ya no puede salvarse de ninguna manera. Se trata más bien de un servicio profesional de arbitraje para esposos en combate: a las dos partes se les da el tiempo y la oportunidad de expresar sus posturas y opiniones mientras una tercera persona modera la discusión.

¿Por qué podría ser necesaria la mediación? Ya decidieron divorciarse y no hay forma de que vuelvan a estar juntos. Entonces, ¿por qué no consultar directamente a un abogado y terminar con esto? Suena bastante justo; de hecho, al abogado se le pedirá que legalice cualquier convenio al cual lleguen durante la mediación. Sin embargo, si no puedes llegar a ningún acuerdo con tu cónyuge y cada vez que hablan terminan roncos de tanto gritar, los honorarios legales llegarán hasta el cielo. Así que, si éste es el caso, la mediación podría ahorrarles mucho tiempo y dinero (sin mencionar el hecho de que pondrán a salvo su laringe).

Con frecuencia, en el proceso de divorcio sentimos que nuestro cónyuge se niega a escuchar nuestras posturas y no toma en cuenta nuestras necesidades. Discusiones que podrían ser razonables se convierten rápidamente en plantas termonucleares y la mayoría de los bienes sobre los que disputamos vuelan contra las paredes como consecuencia de nuestra frustración. La mediación puede evitar que esto ocurra y que nuestras batallas privadas se vuelvan noticias públicas en el tribunal local.

Sugerencia

Redacta una lista de los temas más frustrantes para ti y para tu futuro ex, después dásela a un mediador y empieza a recuperar el control. Considera los siguientes ejemplos:

- Los derechos de custodia y visitas de los hijos.
- Las responsabilidades futuras de los padres; es decir, cómo se tomarán en lo sucesivo las decisiones sobre la educación y crianza.
- Las necesidades de vivienda de ambas partes.
- La repartición de los bienes matrimoniales, incluso la casa.
- Apoyos y convenios financieros.

Usa la mediación para extraer el veneno de la mordedura del divorcio.

Mediación a la carta

En los últimos 20 años la mediación se ha convertido en la última adición al menú de los servicios de divorcio y abarca una amplia gama de circunstancias. Si quieren resolver sus problemas por su cuenta en vez de solicitar que el tribunal lo haga por ustedes, la mediación representa una buena opción.

Incluso las parejas que se separan de forma amigable llegan a lanzarse piedras a la hora de discutir temas emotivos respecto de los acuerdos sobre los hijos y el dinero. Es fácil que se pongan a dar vueltas en círculo tratando de llegar a un convenio de divorcio y al final fracasen. Pero es necesario aceptarlo; si se hubieran llevado tan bien como para que las discusiones sobre los temas esenciales de la vida hubieran sido sencillas, no habrían tomado la decisión de divorciarse.

En la mediación ustedes programan, como pareja, una o más sesiones de discusión y uno o dos mediadores capacitados, según sea el caso, actúan como moderador y árbitro. Los mediadores no pueden dar consejos legales, pero sí garantizarles que tendrán la oportunidad de enfocarse en las cuestiones importantes para ustedes. Les ayudarán a evitar

Ideas destacadas

"La mejor forma de salir siempre es por la puerta."

ROBERT FROST, poeta estadounidense

confrontaciones legales innecesarias y abrirán un espacio para que sean escuchados y se reconozcan sus peticiones.

Intenta otra cosa

¿Les gustaría resolver las cosas sin la ayuda de un mediador pero están confirmando que el problema de quién se queda con la casa familiar es bastante delicado? Revisen la IDEA 22, *Tu espacio o el mío*, para encontrar algunos consejos útiles.

En muchos países se regula la capacitación de los mediadores y es un servicio muy reconocido que frecuentemente se lleva a cabo de manera simultánea con los procedimientos de los tribunales. La mediación es una forma excelente de tomar el control de una situación potencialmente desagradable. Faculta a la pareja que se divorcia para llegar a sus propios acuerdos y no tener que conciliar las resoluciones impuestas por un juez en la corte. La pareja puede concluir el matrimonio sintiendo que, a pesar de que no funcionó, la comunicación fue posible y se logró una solución amigable.

¿Qué tal estuvo?

P ¿De qué nos sirve un mediador si ni siquiera sé qué quiero y necesito en mi convenio de divorcio?

R Aunque tus finanzas sean más complicadas que el último teorema matemático del francés Pierre Fermat, un mediador está capacitado para revisar tus activos contigo y ayudarte a tomar la mejor decisión para ambas partes. En tu caso, tal vez sería una buena alternativa visitar a un contador con el fin de ver exactamente a cuánto ascienden tus bienes. De esa forma, podrías llevar algunos datos y cifras útiles en la reunión de conciliación.

P Odio a mi esposa; no llegamos a ningún acuerdo sobre nada. ¿Cómo puede ayudarnos un mediador?

R Un mediador no puede ayudarte con los problemas que te llevaron a divorciarte; no está capacitado para actuar como terapeuta. Sin embargo, te ayudará a llegar a un consenso sobre las cuestiones prácticas respecto de tu separación sin dejar que la ira y los malos sentimientos se interpongan en el camino.

¿Estamos hablando el mismo idioma?

En cualquier relación, la diferencia entre hombres y mujeres es importante cuando se trata de cuestiones de comunicación. En medio del ensordecedor conflicto de un divorcio, comunicarse en términos que ambos puedan entender es todavía más importante.

Todos hemos oído que los hombres son de Marte y las mujeres de Venus, pero al menos esos dos planetas se encuentran en el mismo sistema solar. Cualquiera que esté pasando por un divorcio sabe que probablemente hombres y mujeres vienen de galaxias distintas.

Construye tu propia nave espacial

A veces, hablar con extraños es más fácil que con tu propia pareja. Una amiga mía decía que el español era el segundo idioma de su esposo, después de roncar y eructar. Y su esposo estaba convencido que si dominara el arte de comunicarse únicamente mediante llantos y tirar cosas, serían una pareja muy feliz.

El hecho es que mujeres y hombres se comunican naturalmente de diversas maneras. Sus necesidades de comunicación son distintas y utilizan formas variadas para expresarse. Lo que deben recordar es que ustedes dos hablan el *mismo idioma*, aunque usen *palabras distintas*. Necesitan entender el vocabulario que el otro utiliza para la relación en lugar de esperar que use el de uno. Parece casi tan defícil como aprender griego antiguo en una semana, ¿verdad? En realidad, es más sencillo. Sólo es una cuestión de percepción.

Encuentra la diferencia

Mujeres: piensan que todo el trabajo recae sobre sus hombros, ¿no es cierto? La verdad, dedicaron el tiempo a expresarse abiertamente, dijeron lo que sentían, aprovecharon sus oportunidades para decirlo todo. Pero no se sintieron muy correspondidas. Quizá la

Sugerencia

Es importante que se den cuenta de que los hombres se comunican de manera diferente que las mujeres. Así que ustedes, hombres, la próxima vez que tengan una discusión con su esposa, confírmenle activamente que la están escuchando y qué piensan de lo que está diciendo. Mantengan el contacto visual y no comiencen a moverse por toda la habitación mientras ella hable. Traten de esperar hasta que haya terminado de hablar antes de dar su opinión y hagan referencia específica a lo que ella dijo. En el caso de ustedes, mujeres, *acepten* que su esposo reaccione ante las cuestiones de la relación de manera diferente y que quizá no tiene tanto que decir del asunto como ustedes. Si él necesita tiempo para pensar completamente las cosas antes de una discusión, dénselo ese tiempo. Díganle que están abiertas y disponibles para hablar, pero no lo fuercen y evitarán que sienta rencores. Es preferible que le expliquen con calma que sería más fácil para ustedes hallar un punto de encuentro, si pudiera verbalizar sus necesidades.

causa esté en el hecho de que no dejaron margen suficiente para que su esposo dijera algo. Como es obvio, el tiempo de cualquier discusión sobre la relación al final se agotaba, dependiendo de su capacidad de tolerancia y de concentración. Generalmente las mujeres aguantan más. Pero, ¿cuánto tiempo les queda a los hombres después de que las mujeres acabaron con su parte?

En lugar de pronunciar un extenso discurso que aburrirá como una ostra a sus maridos, traten de ser concretas y de enfocarse en los puntos principales. Si consideran que puede serles de ayuda, hagan una lista de lo que

Ideas destacadas

"¡Cuando dos personas deciden divorciarse, no es un síntoma de que no se entiendan, más bien es una señal de que al menos comenzaron a entenderse!"

HELLEN ROWLAND, periodista

quieran discutir y apéguense a ella. Deben tener claro lo que están diciendo, por qué lo están diciendo y qué es lo que quieren obtener de la discusión. Y recuerden que se trata de una discusión y no de una conferencia.

Hombres: deben darse cuenta de que las mujeres *necesitan* hablar de las cosas, especialmente de sus sentimientos. No siempre buscan una solución a sus problemas. Yo sé que ustedes piensan que ayudan si ofrecen una solución pragmática después de los primeros tres minutos de charla. Después de haber sido de tanta ayuda, ella comienza a llorar y dice que no la entienden. ¡Esto es muy desconcertante! En realidad no lo es. Su mujer quiere hablar completamente del asunto desea expresar lo que siente y que ambos reconozcan sus emociones. No siempre quiere resolver los conflictos.

Hombres y mujeres se han visto atrapados en una guerra de comunicación desde que e primer cavernícola miró a la primera cavernícola y dijo: "¡Pfuagr!". Ella dirigió la mirada hacia el cielo, se acomodó el taparrabo y sacó a pasear al mamut. El cavernícola reaccionó algo lento y se preguntó en qué se había equivocado.

Lamentablemente, el divorcio puede convertirse en el campo de batalla final de la lucha eterna de las palabras. Pero aunque su relación se haya roto, reconocer que hombres y mujeres se comunican de diferente manera disminuirá las cifras de bajas en combate.

Intenta otra cosa

¿Te parece difícil todo lo que quieres hablar, incluida tu vida sexual? Descubre algunos consejos y trucos para mejorar esa comunicación en la IDEA 2, *Quizás el dicho "un clavo saca otro clavo" te funcione, pero...*

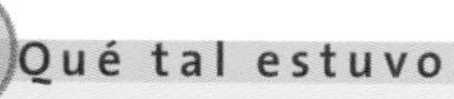

¿Qué tal estuvo?

P ¿Cómo hago para que mi esposo me cuente lo que verdaderamente siente? Siempre que se encuentra tranquilo y le pregunto en qué está pensando, me contesta: "en el futbol".

R ¿Pensaste en la posibilidad de que efectivamente te esté diciendo la verdad? Tal vez te gustaría que estuviera pensando en los puntos más delicados de su matrimonio, pero en lo que piensa es en la regla del fuera de lugar. Acepta que los hombres piensan de manera diferente, y si quieres que piense en algo concreto acerca de la relación, sé específica. Pídele que reflexione en algo y organízate para que lo discutan en un momento acordado por los dos.

P ¿Cómo hago para que mi esposa deje de tratar de cambiar la manera en que me comunico? Quiero esforzarme, pero toda esta cursilería no es para mí.

R Tienen que encontrar el terreno propicio. Dile a tu esposa que no te sientes cómodo de usar un lenguaje emotivo, y no le menciones la palabra "cursi", ya que pudiera desencadenar una discusión. Explícale que te comprometes a hacer que la relación funcione mejor, pero debes poder expresarte en un lenguaje con el que estés a gusto. Cuando hayas reconocido y aceptado su necesidad de hablar, las palabras que usen serán menos importantes.

14

El manejo del equipaje

¿El equipaje de tu matrimonio marcha sobre ruedas o moverlo requiere un ejército de maleteros? Ya sea que constituya el equivalente emocional de un baúl de diseñador o de un maletín viejo y estropeado que han cargado años, cada quien posee un equipaje que cargar después de un divorcio.

La finalidad de esta idea es ayudarte a acomodar tu equipaje en la bodega de manera que continúes con tu viaje sin que su peso te aplaste en la cinta transportadora emocional del equipaje.

Revisión de equipaje

El primer aspecto del que debes darte cuenta es que todos cargan un equipaje, hayan pasado por un divorcio o no. Piensa en todos los lugares que has visitado en tu vida y todos los recuerdos y fotos que reuniste a lo largo del camino; pues bien, sucede exactamente lo mismo con nuestras emociones.

Todas nuestras relaciones nos dejan algún impacto emocional. Lo más importante para que el equipaje marche sobre ruedas es ponerse a revisarlo.

Esto no quiere decir pasarlo por un detector de metales o un sabueso, sino que hay que formular algunas preguntas de seguridad. Después de tu divorcio sientes que:

- ¿No puedes volver a confiar en nadie?
- ¿Nadie se preocupa por ti ni lo harán?
- ¿Todos los demás son egoístas?
- ¿Eres la víctima?

Si es así, llevas más equipaje del que tienes permitido y deberás abandonar una parte. Tal vez sea cierto que te han lastimado o tratado mal durante tu matrimonio, pero el que te

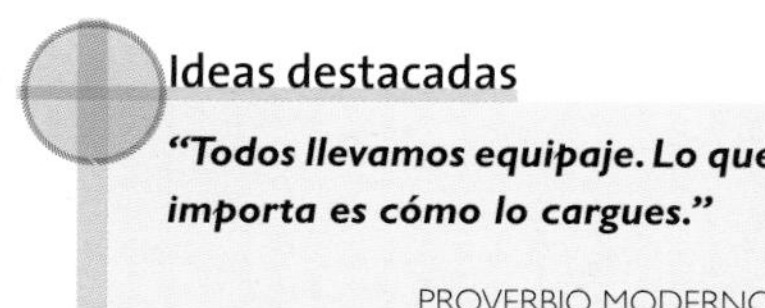

Ideas destacadas

"Todos llevamos equipaje. Lo que importa es cómo lo cargues."

PROVERBIO MODERNO

haya ocurrido una vez no quiere decir que tenga que volver a suceder.

Puedes hacer muchas cosas para evitar que el equipaje que traes sobrecargue una nueva relación. Asegúrate de que no estás sobreponiendo los defectos de tu ex en tu nueva pareja. Por supuesto, tal vez tu pareja actual tenga más errores que un examen escolar de ortografía, pero bien podrían no ser los *mismos* que los de tu anterior cónyuge. Si de verdad encontraste una copia al carbón de tu ex, cuanto antes te percates de tu equivocación y continúes tu camino, mejor.

También es importante que asumas la responsabilidad que te corresponde en la ruptura de tu matrimonio. En el amor todos nos equivocamos y es más común que una relación fracase por culpa de *dos* personas que sólo de una. Reconocer el papel que desempeñaste te ayudará a evitar que en el futuro cometas los mismos errores.

¡Échalo al basurero!

Sin embargo, tal vez te culpes demasiado. Quizá pasaste tanto tiempo flagelándote que ya no queda espacio en tu vida para una nueva relación. Si es lo que te pasa, es tiempo de que tires tu equipaje a la basura y dejes de cargarlo.

Intenta otra cosa

Si en este momento estás aligerando tu equipaje emocional pero todavía te preocupa cómo atar el nudo nuevamente, revisa la IDEA 21, *Segunda vuelta*, y deja plantado al nerviosismo.

Sugerencia

El punto aquí es mostrar tus cicatrices. Sé honesto acerca del equipaje negativo que llevas arrastrando. Identifica las áreas que te preocupan más. Por ejemplo, si tu esposa te dejó por otro hombre, dile a tu pareja que sabes que necesitarás controlar tus celos y pedirle su comprensión. Esta propuesta podría evitar que problemas menores se acentúen y lleguen a ser discusiones mayores.

Todos hemos oído que es importante perdonar y olvidar, y tú no eres la excepción. Aunque haya sido tu culpa, el matrimonio se terminó y debes aceptarlo y seguir caminando. Todo el equipaje, en esencia, es experiencia de vida y necesitas aprender la lección y seguir adelante.

No todas nuestras experiencias matrimoniales habrán sido malas. En tu caso, ¿tu equipaje es demasiado pesado porque no puedes olvidar a tu ex? ¿Piensas que se trataba de alguien tan grandioso que no hay manera de que tu nueva pareja sea capaz de cumplir con tus expectativas? Debes admitir el crudo hecho de que incluso si tu ex era fantástico, es sólo eso: ¡tu ex! Por lo tanto, si no quedan esperanzas de una reconciliación, es hora de que continúes con tu vida. Sin importar las razones, el matrimonio fracasó y eso significa que tú y tu pareja no eran el uno para el otro, a pesar de tus esperanzas. Por pesado que sea tu equipaje y lo bueno o malo que parezca, es tiempo de vaciar la maleta de tu matrimonio. De esa manera habrá suficiente espacio para almacenar las experiencias que tu nueva pareja y tú tendrán juntos.

¿Qué tal estuvo?

P Soy divorciado. ¿Es prudente iniciar una relación seria con alguien que acaba de pasar por un divorcio?

R Tal vez estés pensando que dos equipajes de divorcio los oprimirán emocionalmente por partida doble. No siempre es así. El equipaje es experiencia y el divorcio es una experiencia que ambos tienen en común. En todo caso, tal vez se comprenderán mejor porque han pasado por el mismo proceso. Los sentimientos de dolor, rabia, traición y tristeza les serán familiares a ambos y esta experiencia en común puede crear un lazo más profundo.

P ¿Cuánto tiempo debo dedicar a platicar sobre el equipaje de mi vieja relación con mi nueva pareja?

R Mantenlo al mínimo, pero, como dije, debes mostrar tus cicatrices y hacer que tu nueva pareja sea consciente de tus problemas. Sin embargo, no te extiendas en ellos. Usar el equipaje de tu pasado como excusa para las pautas de conducta negativas del presente traerá el final de la nueva relación. Aprópiate de tu equipaje, pero no dejes que se apropie de ti.

Dejen de odiarse y empiecen a comunicarse

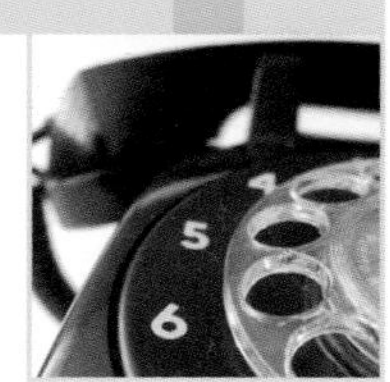

Cuando piensan en un abogado, seguro se imaginan a Hannibal Lecter (el de *El silencio de los inocentes*), pero si la pareja se volvió más un marciano que un amigo y detestan lo descompuesta que está su comunicación, quizá sea el momento de hacer la prueba con un servicio de orientación.

La buena comunicación constituye la clave de un buen matrimonio; la mala comunicación es garantía de un buen divorcio. Antes, durante o después de un divorcio, hablar las cosas con una tercera persona puede resultar invaluable.

Relacionarse con el otro

En todas las etapas de una relación es vital poder comunicar tus necesidades y sentimientos a una pareja que te escuche. Sé lo que estás pensando: ya has tratado de comunicarte de todas las formas posibles y aun así tu pareja no cambia. No comprendes por qué ni siquiera trata de resolver los problemas que acosan su relación y pareciera que no vale la pena intentar nada más.

Si la comunicación está tres metros bajo tierra, es imposible entender los puntos de vista de cada quien. Cuando llega este momento pierdes la habilidad para comprometerte o acomodarte a las necesidades de tu cónyuge y la relación comienza a desmoronarse.

No puedes resolver los problemas por tu cuenta, pero tal vez alguien más sea capaz. Si tu coche se descompone, levantas el cofre, tratas de arreglarlo y aprietas algunas conexiones. Pero si eso no funciona, llamas a alguien para que te ayude. Es muy poco probable que abandones el auto en el camino y lo dejes tirado porque no sabes cómo arreglarlo.

Exactamente lo mismo ocurre con una relación. Tal vez trataste de arreglarla y no tuviste éxito. En ese caso, es tiempo de llamar a los profesionales, personas capacitadas para ayudarte a armar de nuevo tu relación: terapeutas matrimoniales.

¡Los chicos buenos!

Con el paso de los años los terapeutas han cargado con una imagen poco fiable. Muchos los imaginamos vestidos de forma anticuada (les gustan los suéteres como los que tejía tu abuelita todos los años) y afectos al vello facial y a las libretas pequeñas para escribir. Pero recuerda que hay terapeutas de todas las clases y de todas las edades y están capacitados para tratar con cualquier problema de una relación.

Recuerda que no hay forma de causarle una conmoción a tu terapeuta. Ellos, al igual que los doctores, lo han oído todo. Si los problemas de tu relación son de tipo sexual, no hay de qué avergonzarse. El sexo es central para el matrimonio y todos los problemas relacionados con él se manejan con sensibilidad y cuidado. Además, las sesiones con un terapeuta son estrictamente confidenciales. Son conscientes de que no compartirás detalles íntimos, discusiones, esperanzas y miedos con alguien que más tarde podría revelarlos en el bar.

Ahora que entiendes por qué son chicos buenos y están ahí para ayudar, veamos en qué forma lo hacen. Aunque tu terapeuta de pareja ya habrá oído toda clase de problemas imaginables, también se da cuenta de que todo lo que estás pasando es único y por ello no tratará de aplicar la solución general de los manuales, sino que buscará en ti las soluciones a tus problemas.

Bueno, si en ti deben estar todas las respuestas a tus problemas, entonces nadie más puede ayudarte, ¿verdad? En realidad no es así: un terapeuta esperará que tú hagas un esfuerzo por resolver los problemas que están volviendo amarga tu relación, pero trabajará a tu lado para lograrlo.

Un terapeuta jamás te juzgará. No te dirá qué hacer y no querrá convencerte de que te quedes con tu pareja si prefieres separarte. La terapia tiene el propósito de ayudarte a mejorar tu relación y garantizar que tú y tu pareja tengan una idea clara de qué futuro quieren.

El terapeuta te ayudará a descubrir la raíz de los conflictos y a encontrar la forma de dejar de pelear. Te proporcionará un ambiente neutral y seguro en el que averigües

Sugerencia

¿No puedes enfrentarte al hecho de ver un terapeuta? Entonces hazlo por teléfono. Hay servicios que ofrecen consultas telefónicas. Recibes la orientación aunque estés en un lugar muy alejado de tu pareja, por medio de una conferencia de tres líneas. También resuelven el problema de tener que encontrar quién cuide a los niños si los dos se hallan fuera de casa y además ofrecen orientación en horarios de oficina. Además, se dan consultas por Internet.

exactamente qué quieres de tu pareja y viceversa, así como qué están dispuestos a hacer para que eso suceda. Te dará ánimos para encontrar nuevas maneras de comunicarte y te mostrará cómo evitar las situaciones que desencadenan una discusión.

¿Qué ocurre si en este proceso descubren que el divorcio es la opción que desean? ¿Acaso

Intenta otra cosa

Si tomaste la decisión de divorciarte, revisa la IDEA 12, *Mediación y no litigio,* para que obtengas orientación al pasar a la siguiente etapa.

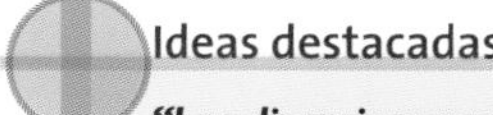

Ideas destacadas

"Las discusiones son el peor tipo de comunicación."

JONATHAN SWIFT

la terapia fue un fracaso? Para nada. Ahora sabes que tu relación terminó y que tu ex pareja y tú son libres para seguir adelante con su vida. Pasar por la terapia para descubrir esto quizás ha evitado innumerables discusiones y mucha angustia. Todos los servicios de terapia te ofrecerán apoyo cuando se separen y después de que haya pasado el divorcio.

¿Qué tal estuvo?

P ¿De qué me sirve la terapia si mi pareja se niega a ir?

R Ve tú. Aunque no es lo ideal, te brindará la oportunidad de trabajar tus propios problemas y te proporcionará nuevos enfoques para mejorar tu relación. Tal vez tu pareja se percate de los cambios y decida acompañarte.
Los servicios telefónicos y en línea pueden ser una forma amable de fomentar la participación de tu cónyuge.

P ¿Cómo superamos la vergüenza de ver a un terapeuta?

R No deben avergonzarse. Son valientes y responsables al buscar ayuda y esto es loable, no vergonzoso. Sus consultas serán confidenciales y nadie más tiene por qué saber que ustedes van.

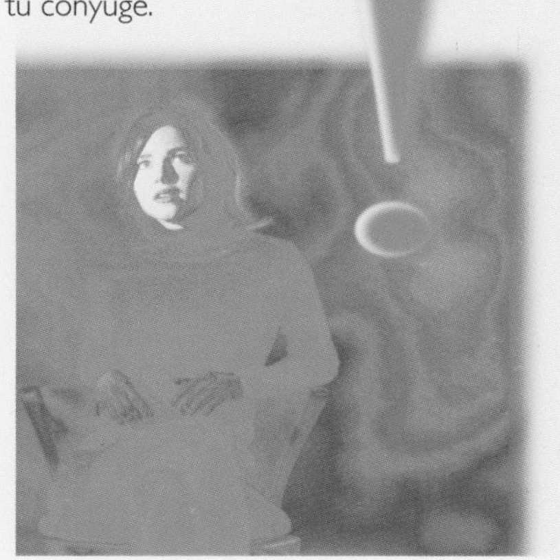

No te gusta de esta manera, entonces hazlo de otra

¿Por qué todo el mundo piensa que sabe cómo conducir tu vida mejor que tú? ¿Por qué insisten en recalcártelo? Recuerda: los consejos están para ser ignorados; aprende cómo hacerte cargo del asunto y cómo "tirar la basura".

Aunque en el fondo tus amigos y familiares tengan las mejores intenciones, que se preocupen y te aconsejen demasiado puede ser malo, especialmente cuando estás pasando por algo tan traumático como un divorcio. Repentinamente, todos son expertos y eso te está enloqueciendo.

¿Te lo callas o contraatacas?

¿Te das cuenta de que las personas se dividen en tres categorías? Están los que se alegran de los males ajenos. Después, hay quienes te dicen que, sin importar lo mala que sea tu situación, siempre habrá alguien peor. Y para terminar están los amigos verdaderos, que te apoyan y ayudan de forma incondicional, aunque son muy escasos.

Lo primero que debes hacer si tienes amigos que se encuentran en las dos primeras categorías, es no tomarlo como algo personal. Muchos de sus comentarios y consejos revelarán más acerca de ellos que de ti. ¡Es la verdad! Piénsalo: alguien que disfruta el drama de tu divorcio mientras tú odias cada minuto, tiene sus propios problemas que resolver. Si se regocijan con la mala noticia de que el juez volvió a decidir que tienes que pagar los gastos, ¿qué dice esto sobre ellos? En primer lugar, que es patente que estarías mucho mejor sin ellos. En segundos, revela falta de sensibilidad y percepción, lo que impide que tengan amistades cercanas.

Las personas que insisten en que siempre veas el lado positivo de todas las situaciones tienen buenas intenciones y, a su manera, tratan de ayudar. Sin embargo, a partir de mi experiencia sé que hay días en que no *deseas* ver nada positivamente y sólo quieres que se te permita estar triste. Sin importar lo que digan, es bueno que algunas veces te sientas así.

Estas personas también pueden ser un poco competitivas. A muchas les gusta pensar que su situación siempre es peor que la tuya. Ya sabes de qué clase de personas hablamos: si tú tienes dolor de cabeza, ellas tienen migraña; si tú tienes migraña, ellas tienen un tumor cerebral.

En todos estos casos necesitas distanciarte de la situación y pensar si quieres discutir tus problemas personales con estos amigos. Si te dan más ganas de estrangularlos que de compartir momentos con ellos, tal vez lo mejor es que te muerdas la lengua para aguantarte las ganas de hablar antes de que los muerdas a ellos y causes una disputa.

Sugerencia

Es hora de que decidas quién quieres que te apoye. Quizá siempre detestaste a Martita y a Pedro y los aguantabas porque eran amigos de tu ex. ¡Qué mejor ocasión para deshacerte de ellos! Si no quieres oír su opinión, date el permiso de expresarlo. Deja de hacer llamadas telefónicas por compromiso, no respondas las suyas y dedica tiempo extra a los amigos que respetas y en quienes confías. Lo llamo el "método de las rosas y las tijeras para podar". En otras palabras, debes podar las amistades muertas y desecadas para que en su lugar broten nuevas amistades saludables.

Intenta otra cosa

Tal vez te encantaría recibir consejos, pero ninguno de tus amigos está cerca para dártelos. La IDEA 5, *El círculo de amigos,* te ayudará a resolverlo.

Sentir afecto no siempre significa compartir

Si te hallas en la situación en la que todos te dan consejos, tal vez eres una persona bastante abierta a la que le gusta compartir sus problemas. Esto en sí mismo es muy sano, pero debes elegir cuidadosamente con quién los compartes.

Tu matrimonio es una relación íntima entre dos personas e incluso si se viene abajo merece respeto. Por ejemplo, tal vez te separaste de tu pareja pero todavía no has decidido divorciarte. Si les cuentas a todos tus amigos que tu esposo es un salvaje o que tu esposa es una cualquiera, podrías originar una situación embarazosa para tu pareja y amigos si posteriormente deciden volver a estar juntos.

Todos necesitamos hablar, pero elige personas confiables. Es más fácil de lo que piensas. Pregúntate una cosa: ¿hay alguien que sea discreto? Cuando descubras a esa persona, habla con ella. Así será muy poco probable que los detalles de tu divorcio circulen por todo tu grupo social como la varicela en las fiestas de cumpleaños infantiles.

Otra recomendación fabulosa para evitar las oleadas de chismes que se generan después de dar un consejo es instalar bolsas de arena para cortarles el paso. Así que cuando alguien te pregunte si quieres que te dé su opinión, di que no. No es necesario ser grosero. Puedes agradecer a esta persona su preocupación, pero dile que piensas que es mejor que tú lo intentes a tu manera primero. No obstante, si el tsunami es imparable, sólo sonríe y señala tu aprobación inclinando la cabeza, pero desconéctate mentalmente. Puede decir lo que quiera, pero ninguna regla dicta que debes escuchar.

Ideas destacadas

"Un consejo es como la nieve: entre más suave cae, más se extiende y se interna en la mente."

SAMUEL TAYLOR COLERIDGE, poeta y filósofo inglés

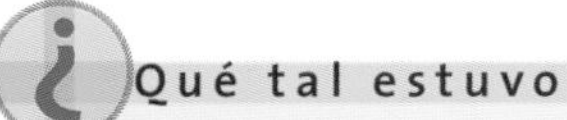

¿Qué tal estuvo?

P ¿Cómo evito los consejos si vienen de mi mamá?

R Es una pregunta delicada, pero puedes intentar dos cosas. Si tienes una buena relación con tu mamá, sé gentil y explícale que estás haciendo tu mejor esfuerzo y que primero deseas actuar sin ayuda de nadie más. Dile que si eso no funciona, definitivamente le pedirás su opinión. Si es muy difícil hablar con ella, escucha sus consejos, dale las gracias y no los tomes en cuenta. ¡Funciona de maravilla!

P ¿Cómo sé qué consejos seguir?

R En primer lugar, recuerda que no tienes que seguir los consejos de nadie si no quieres. Si de verdad necesitas palabras sabias, piensa con lógica a quién pedírselas. ¿En quién confías? ¿Quién ha pasado por una situación parecida? ¿Quién tiene una vida o una relación que admires?

Resalta lo positivo, elimina lo negativo

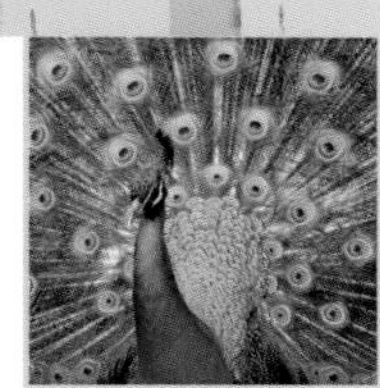

Después de años con la misma pareja, empezamos a creer en las cosas negativas que nos había dicho. Mediante técnicas de afirmación personal y programación neurolingüística podrás comenzar a creer realmente en un "nuevo tú".

¿Por qué es más fácil creer en las cosas malas que en las buenas? ¿Por qué nosotros mismos nos humillamos? ¿Por qué si decimos cosas buenas sobre nosotros mismos, los demás nos perciben como arrogantes?

El poder de lo positivo

Desafortunadamente, aceptamos los comentarios y sentimientos negativos con mayor facilidad que los positivos. A veces nuestra seguridad personal es frágil, y si hemos pasado años en una relación con alguien que resalta nuestras cualidades negativas, la situación puede convertirse en un verdadero achaque.

El divorcio también derriba la confianza de cualquier persona, en especial si ha costado mucho tiempo, dinero y aflicción. Nos podemos sentir muy abatidos y nuestra seguridad se arrastra por los suelos. Sin embargo, con tiempo y cuidado nuestra autoestima se nutrirá hasta lograr un estado óptimo, incluso después de un matrimonio largo y destructivo.

Aunque el hecho de que muchos matrimonios terminen en divorcio sea una triste realidad, el lado positivo es que cada vez se conocen mejor los efectos sobre los individuos afectados y hay más ayuda para recuperarse después del divorcio.

Programación neurolingüística

No te preocupes, no se trata de ningún programa secreto del gobierno para lavarte el cerebro. La programación neurolingüística es un modelo para comunicarte mejor contigo y con los demás.

En primer lugar, veamos lo que significa exactamente la programación neurolingüística. Por

Intenta otra cosa

¿Todo va bien pero aún tienes algunas zonas tambaleantes? Puedes inscribirte a un gimnasio o llevar una vida más activa, pero lo importante es que aprendas a amar tu cuerpo tal y como es.

lo general, es mucho más fácil de entender si se divide en pequeños trozos. La programación se refiere a la forma en que organizamos nuestros pensamientos. Así como las computadoras son programadas para responder a ciertos comandos, lo mismo ocurre en nuestro cerebro. *Neuro* tiene que ver con nuestros procesos neurológicos, mediante los cuales el mundo cobra sentido para nuestro cerebro y casi literalmente se trata de los sentidos de la vista, el oído, el tacto, el olfato y el gusto. La neurología abarca todos los aspectos relacionados con el cerebro y aborda nuestros procesos de pensamiento, así como nuestras reacciones psicológicas. La *lingüística* se refiere simplemente a la lengua, el idioma que usamos para comunicarnos con los demás y para expresar nuestros pensamientos y sentimientos.

La *programación* neurolingüística estudia la forma en que procesamos todo lo que pensamos y sentimos. Examina cómo reaccionamos ante nuestras experiencias y de qué manera usamos la lengua para describirlas. La forma en que opera es muy sencilla. Piénsalo de este modo: la programación sencillamente es entrenamiento. La programación neurolingüística tiene el propósito de entrenarnos para pensar y responder de manera positiva y para eliminar esquemas negativos de pensamiento, expresión y respuesta.

Si tu pareja siempre te ha dicho que tienes las piernas gordas, empezarás a creerlo, incluso si antes pensabas que eran flacas como varitas. ¿Por qué sucede esto? Tus piernas no son gordas, pero tú piensas que lo son. La respuesta es que tu pareja ha hecho una fuerte asociación de pensamiento en tu cabeza: piernas y gordas. Estos esquemas negativos se producen sin darnos cuenta.

Lo primero que necesitas hacer para cambiar el esquema es empezar a cobrar conciencia de las cosas negativas que tú o tu pareja hacen o dicen. Por ejemplo, ¿inicias oraciones

Sugerencia

Redacta una lista con cinco afirmaciones positivas y pégalas en varios lugares de tu casa o el trabajo. Esas notas sobre el refrigerador, tu escritorio o un espejo constituyen una manera fantástica de recordar que debes ser positivo. También puedes tratar de diseñar protectores de pantalla de computadora que lleven tus afirmaciones o imágenes positivas. Lee frecuentemente las afirmaciones y pronúncialas en voz alta en cuanto te levantes y cada vez que puedas a lo largo del día. Redacta afirmaciones breves y céntrate en no más de tres aspectos que te gustaría mejorar. Mira estas sugerencias: estoy tranquilo y tengo seguridad y control; soy atractivo y estoy lleno de vitalidad; merezco el éxito; soy generoso, bueno y amable; soy fuerte y feliz.

con la muletilla: "estoy seguro de que estoy equivocado" o "sé que fulanita o zutanito siempre me decía que yo era malo para"? Si es así, tu lenguaje cotidiano está marcado por ideas y pautas negativas de conducta.

Ideas destacadas

"Nadie puede hacerte sentir inferior sin tu consentimiento."

ELEANOR ROOSEVELT, diplomática y activista de los derechos humanos

Es mucho más fácil deshacerse de lo negativo si sabes que está ahí. Empieza a escribir todas estas cosas negativas y cada vez que te escuches diciéndolas, detente y cámbialas por un comentario mucho más positivo. Incluso si sólo tienes pensamientos negativos, deja de hacerlo y di en voz alta algo positivo. Rápidamente lograrás que esto se convierta en un esquema y las respuestas positivas surgirán de forma mucho más natural. En poco tiempo tu vocabulario negativo se habrá erradicado por completo.

¿Qué tal estuvo?

P ¿Cómo puedo volverme una persona positiva si he tenido sentimientos negativos sobre mi durante tanto tiempo?

R Comienza despacio y hazlo paso a paso. Primero toma la decisión de que quieres convertirte en una persona positiva; el sólo hecho de decidirlo cambiará la manera en que percibes las cosas. Enfócate en un único aspecto. Por ejemplo, examina lo que sientes de tu apariencia y escribe algunas afirmaciones. Después, considera los aspectos de tu vida laboral y la relación con tus familiares y amigos. Poco a poco empezarás a sentirte una persona mucho más positiva.

P ¿Cómo aprovecho las afirmaciones si no se me ocurre ni una sola cosa positiva acerca de mí?

R Pídele ayuda a alguien de tu confianza que siempre haya pensado positivamente sobre ti. Haz que escriba algunas cosas positivas y trabajen en ellas para convertirlas en afirmaciones usando tus propias palabras. Una vez que te percates de algunos aspectos buenos sobre ti, surgirán más.

El reparto del botín

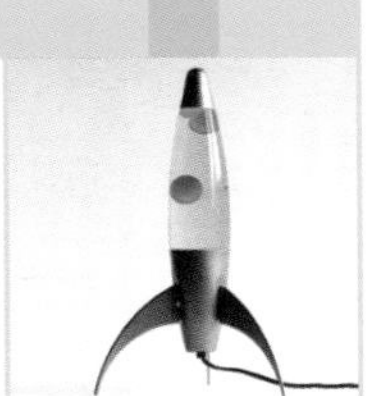

Aunque por lo general no es una prioridad financiera como la división de la casa y las pensiones, repartir las posesiones personales representa un momento difícil y emotivo. Después de todo, ¿recuerdas a quién pertenecía la lámpara de lava y quién compró el primer disco de Duran Duran? Esta idea te mostrará cómo tratar con todo esto si sientes que no puedes.

Así que estás en el hogar familiar mirando la inmensa cantidad de posesiones que has adquirido al paso de los años y sientes que tu estómago se hunde más rápido que el Titanic. ¿Por dónde diablos comienzas?

Listas, listas y más listas

¡Te apuesto a que ni siquiera sabías que tenías tantas cosas! Sin embargo, después te olvidaste del departamento, la habitación extra, la alacena bajo las escaleras y el cobertizo, ¿verdad? Antes de que te rindas y decidas que la decoración minimalista es justo lo que deseas para tu nueva vida, respira hondo, toma una pluma y una hoja de papel y empieza a redactar una lista.

Comienza registrando todas tus posesiones como si se tratara de un inventario exhaustivo y después divídelo en secciones. Escribe todas tus posesiones personales, como joyas y objetos que te hayan regalado. Enseguida, haz una lista de lo que definitivamente debes conservar, lo que te gustaría pero podría negociarse y lo que no quieres en absoluto. Asegúrate de que esta última lista sólo la veas tú y de que tu ex no la lea. Te servirá para negociar después.

A continuación debes acordar una hora conveniente para que puedan revisar los dos juntos la casa y el inventario. Si la relación es muy tensa entre ustedes, piensa en llevar a un amigo mutuo que tome en cuenta los intereses de ambos y pueda ayudarlos a mantener la cordura.

Cuando lleguen a un acuerdo sobre la repartición de las posesiones, escríbanlo. Cada quien debe conservar una copia firmada. Enseguida, contrata un abogado para que legalice el acuerdo y lo haga parte de su separación y divorcio oficial.

Por supuesto, vas a ver que no hay una forma equitativa de llegar a un acuerdo sobre quién se queda con esto o aquello y los ánimos quizá empiecen a calentarse. Son las ocasiones en las que es menester solicitar ayuda adicional. Empieza con un servicio de mediación capacitado para llegar a acuerdos aceptables en estas cuestiones. Si todavía no llegan a ningún lado, deja todo en manos de tus abogados y que la corte decida.

Ecos emocionales

Todo suena sencillo y práctico, ¿no es así? Desafortunadamente, cuando llegas a la parte donde se divide todo lo que poseían juntos y disfrutaron u odiaron con el paso de los años, no es tan fácil. En realidad puede romperles el corazón. ¿Cómo lidias con eso?

Sugerencia

Si las cosas están ríspidas entre ustedes, es poco probable que tengan ganas de hacerse favores al repartir el botín. Necesitas las tácticas de un negociador experto. Si tienes dotes para la actuación, podrás quedarte con lo que quieres. Escoge un artículo que sabes que tu pareja quiere y que tú no piensas conservar, y finge que estás desesperado por tenerlo. Lloriquea y gime si es necesario y declara amor eterno a su colección de alicates antiguos. Después ríndete con gracia, pero sólo con la condición de que te quedes con el artículo que realmente codicias.

Intenta otra cosa

Ya terminaste con las posesiones, pero ¿quién se queda con la casa? Estudia la IDEA 22, *Tu espacio o el mío*, para encontrar algunos consejos.

Primero acepta que puede ser una de las partes más difíciles de tu divorcio y prepárate para los sentimientos de tristeza que se presentarán. Es perfectamente natural molestarse por la división a la mitad de las cosas. Tal vez las posesiones sólo sean objetos materiales, pero simbolizan épocas felices y tristes, con todos sus recuerdos y evocaciones.

Prepárate para estos sentimientos haciendo todo lo que puedas por tu cuenta antes de que te reúnas con tu pareja para tomar las decisiones finales. De esa forma, si terminas derramando mares de lágrimas impropias de un hombre sobre la pintura que compraron en su luna de miel o empiezas a sollozar sobre la vajilla de plata, tu cónyuge no lo verá. Si a pesar de todo, cuando tu pareja esté presente sientes que te alteras, no tienes por qué sentirte mal al respecto. Sólo pide un poco de tiempo y date espacio para recuperarte antes de seguir adelante.

También es útil saber dónde radican los factores que podrían desencadenar el flujo de emociones. Por ejemplo, ¿has pensado en cómo se repartirán todas las fotos? Con frecuencia es un aspecto delicado, pero la propuesta "una para ti y una para mí" suele funcionar. Sólo revisa todos los álbumes y distribúyelas una por una. De esa forma se logrará un reparto equitativo. Sale más barato que sacar duplicados de todo y es más rápido que llegar a un acuerdo sobre cada foto. No obstante, si no quieres volver a ver a tu pareja, el asunto de las fotos será menos urgente. ¡Tal vez sólo tengan que turnarse para usar las tijeras!

Ideas destacadas

"El dinero habla, pero todo lo que el mío dice es adiós."

ANÓNIMO

¿Qué tal estuvo?

P ¿Cómo hago para que mi marido no se quede con todo? Es insensible y nunca cede.

R En primer lugar, recuérdale que por ley tienes derecho a un porcentaje de sus posesiones sin importar lo que diga. En segundo lugar, piensa positivamente y trata de negociar con él usando la lógica. Si no funciona, ponte en contacto con un mediador para que te dé ayuda práctica. Por supuesto, si de cualquier manera tu marido es abusivo, trata todas las cuestiones a través de tu abogado.

P ¿Es justo que mi esposa reciba más de la mitad de nuestras posesiones?

R Por desgracia, la cuestión de la justicia es subjetiva. Si la mayoría de las posesiones eran de ella antes de que se casaran, entonces muy probablemente le serán devueltas cuando el matrimonio se disuelva. Además, si ella va a obtener menos que tú en términos de dinero, entonces tal vez reciba más posesiones a cambio. Si estás preocupado consulta un abogado.

Los celos

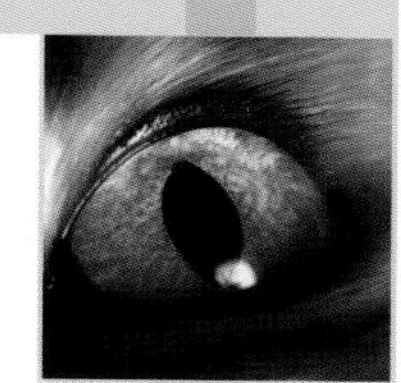

Aunque estés feliz por haberte divorciado o si fuiste quien inició los trámites, descubrir que tu ex sale con alguien puede resultar perturbador. En esta idea se sugiere cómo manejar los celos.

Cuando pase el golpe sentirás las punzadas durante algún tiempo, y después retomarás el asunto principal que te interesa: centrarte en tu propia vida. Pero, ¿qué ocurre si no es así y en vez de sentir sólo un ligero dolor los celos te queman?

¿Sólo un poquito de celos?

Siempre te preguntaste quién encontraría una nueva pareja primero. Ahora te enteras de que tu ex lo hizo primero y se pasa el tiempo fantaseando como un adolescente enamorado. No es que te moleste, ¡por supuesto! Entonces, ¿por qué tus ojos tienen ese intenso reflejo color verde esmeralda? Es cierto, los celos son como una bestia interior. Para que no se apoderen de tu vida, necesitas averiguar por qué te sientes así.

¿De qué tienes celos exactamente? Tal vez sientes que tu ex ha seguido su camino y tú te has quedado atrás. Incluso, aunque parezca así, recuerda que la vida de cada quien marcha a su propio ritmo. Quizá todavía no estés en condiciones de emprender una nueva relación y has adoptado la postura sensata de darte un tiempo primero.

Tal vez sólo sientas celos del hecho de que tu ex ha encontrado compañía. Los meses posteriores al divorcio pueden ser muy solitarios, después de haberse acostumbrado a la cercanía del matrimonio. Incluso si fue un

Intenta otra cosa

¿De estar juntos para toda la vida pueden pasar a ser sólo amigos? Dale un vistazo a la IDEA 25, *Para continuar siendo amigos*, para ver si es posible.

Sugerencia

Si acabas de enterarte de que tu pareja anterior ha encontrado a alguien nuevo, es imposible que no te compares con esa persona. Sin embargo, la idea aquí es que hagas que esa comparación se torne positiva, es decir, que esté completamente a tu favor. No veas todos los atributos del nuevo novio o novia que te hacen sentir inseguro o insegura. Literalmente, toma nota de las comparaciones que te reconfortan. ¿Y qué si tiene una licenciatura en astrofísica de una universidad prestigiosa? ¿Acaso puede hacer "lagartijas" como tú? Si tienes problemas al hacer esto, invita al amigo más malintencionado que tengas y pídele que te ayude con la lista. Te sorprenderá percatarte de lo bien que te sientes cuando hayan acabado.

matrimonio infeliz, el hecho de compartir un hogar con alguien y relacionarse con esa persona todos los días crea un sentimiento de seguridad. Sé amable contigo y date tiempo para superarlo.

Cómo domar al monstruo de los ojos verdes

Con frecuencia los celos son una señal de ira o tristeza que no está superada y pueden presentarse porque aún no has sido capaz de aceptar la ruptura de tu matrimonio. Aquí la palabra clave es "aún". Tal vez no querías divorciarte o todavía estabas enamorado de tu cónyuge. Si éste es el caso, cualquier sentimiento de amor o rechazo reprimido aflorará bruscamente y requerirá atención cada que veas o escuches que tu ex ha encontrado a alguien. De nuevo, esa reacción es natural y en cuanto la reconozcas será mucho más fácil lidiar con ella.

Te divorciaste, de modo que sabes que la relación se terminó. Ahora es cuestión de seguir adelante de la manera más positiva posible. Esto no quiere decir que debas pasar por alto tus celos. Todo lo contrario: acéptalos y permite que salgan. Después de todo, los celos son una emoción natural, aunque sean negativos.

Intenta hacer que estos sentimientos trabajen para ti y no en tu contra. No niegues cómo te sientes, más bien hazte cargo de ellos. Por lo general son resultado de la inseguridad y el divorcio es el maestro cuando se trata de hacernos sentir inseguros.

Busca la manera de levantar tu autoestima. Cúrate con ese curso de acondicionamiento físico en el gimnasio con el que siempre soñaste o mejora el conjunto de habilidades que ya posees. Aprovecha tus fortalezas, expulsa la voz de inseguridad que alimenta tus celos y pregúntate si de verdad tienes heridas o sólo fue un golpe para tu orgullo.

Ideas destacadas

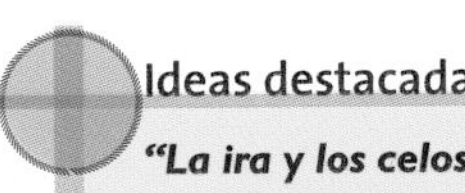

"La ira y los celos ya no pueden soportar perder de vista los objetos que aman."

GEORGE ELIOT (Mary Ann Evans), escritora inglesa

¿Qué tal estuvo?

P ¿Cómo supero mis celos si lo único que quiero hacer es llamar a la nueva novia de mi ex y decirle exactamente cómo es él?

R A menudo el deseo de venganza es un efecto secundario de los celos, pero no te rindas ante esas emociones negativas. Convertir tus sentimientos en actos celosos sólo te lastimará. Si sucumbes a la tentación de llamarla, serás tú quien quede mal. Las relaciones entre tu ex, su novia y tú se tornarán bastante desagradables y esto podría tener graves ramificaciones si también están mezclados hijos o amigos mutuos. Utiliza técnicas para manejar la ira y llama a una amiga para dar rienda suelta a tus sentimientos, en vez de telefonear a la nueva novia de tu ex.

P ¿Cómo hago para que los celos que me causa el nuevo esposo de mi ex no perjudiquen a mis hijos?

R Centrar tus sentimientos por completo en sus necesidades será de gran ayuda. El divorcio fue suficiente trauma para ellos, así que no les propines otro. No hables en forma negativa de su nuevo padrastro ni sigas haciendo declaraciones negativas sobre la nueva familia. Siempre serás su papá, así que díselo y refuerza constantemente tu amor por ellos.

For some SHADE!

Ustedes no pueden divorciarse, ¡son mis padres!

Ya sea que tengas 14 o 40 años, el divorcio de tus padres puede poner tu mundo de cabeza. Necesitarás hallar la manera de que todo vuelva a la normalidad.

A muchos jóvenes les cuesta trabajo aceptar que sus padres sean gente común y corriente. Sin embargo, cuando los padres se divorcian, los hijos se sienten obligados a verlos bajo una luz distinta y esto puede desencadenar un poderoso coctel de sentimientos.

Arco iris de emociones

Cualquiera que sea tu edad, si te enteras de que tus padres se están divorciando, con toda seguridad experimentarás todo un arco iris de sentimientos. Conmoción, alivio, miedo, ira, tristeza y preocupación constituyen sensaciones frecuentes, pero tal vez la más común de todas sea la culpa.

Sin importar las causas de la separación, es muy frecuente sentir que en cierto modo somos responsables. En ese momento entra pataleando la culpa. Tal vez les ocasionamos demasiados problemas. Quizá no les dejamos suficiente tiempo para ellos. E incluso si no fue directamente nuestra culpa, tal vez hubo algo que pudimos haber hecho para evitar que se separaran.

Siempre sentimos que somos el centro de la vida de nuestros padres, y por supuesto que es cierto en gran medida. Sin embargo, no somos lo *único* en su vida. Nuestros padres tienen sus propias razones para divorciarse y ninguna guarda relación con nosotros. Ser consciente de esto es fundamental para deshacerse de la culpa.

Probablemente sientas que tus padres están tan concentrados en su divorcio que no te prestan atención. Es bastante común sentir que te hacen asumir un papel pasivo y dan prioridad a sus propios problemas, pero debes darles tiempo. Deja que primero se ocupen de ese trauma de su vida. Aún están ahí para ti, sólo que tienen que desviar su atención durante un tiempo.

También puedes quedar atrapado entre los dos y actuar como pacificador. Desempeñar este papel es poco saludable para un hijo de cualquier edad y necesitas evitarlo para no ser una más de las bajas en combate. Recuerda que éste es su divorcio, no el tuyo, y que deben abordarlo ellos solos.

Sugerencia

Renuncia a ser un hijo del divorcio. Tú eres hijo de tus padres, no de la descendencia de su divorcio. Es importante que te des cuenta de esta distinción para seguir adelante a partir del legado de su divorcio. Por tanto, en vez de considerar el divorcio de tus padres como algo negativo, mejor considéralo como una oportunidad para no cometer los mismos errores. Cobra conciencia de que tal vez seas más sensible a problemas como la infidelidad o los celos porque arruinaron el matrimonio de tus padres. Utiliza este conocimiento de forma positiva; dile a tu pareja que te afectan mucho estas cuestiones y que serán un punto conflictivo para ti. Busca imágenes positivas del matrimonio y habla con familiares o amigos que tengan matrimonios felices y duraderos para reforzar esa condición optimista en tu propia mente.

Atrapado en el fuego cruzado

Cuando el matrimonio de tus padres se convierte en zona de guerra, no siempre es fácil evitar la barrera de amargura desde donde se disparan entre sí. Tal vez tus padres quieran que tomes partido. No lo hagas. Sin importar lo que sientan respecto del otro, tienes derecho a una relación afectuosa con los dos. Tomar partido puede dañar gravemente tu relación con alguno y podría constituir una decisión que lamentarás después. No mereces estar en medio de su propio pleito, así que diles esto.

Aunque es comprensible que tus padres se encuentren atrapados en el drama de su divorcio, tienes derecho a experimentar cualquier sentimiento que surja a lo largo del camino. Habla sobre él y enfréntalo conforme se presente. Si no puedes hacerlo con tus propios padres, hazlo con otros familiares o amigos. Saca fuerzas de los demás y comparte la carga.

Todavía tienes el derecho de ser una parte significativa en tu familia, estén tus padres divorciados o no. Por supuesto, las cosas serán diferentes. Los acuerdos sobre dónde vivirán, reuniones familiares y nuevas parejas pueden ocasionar trastornos, pero de todas

Ideas destacadas

"Hoy en día pocos padres ponen alguna atención a lo que sus hijos les dicen. El antiguo respeto hacia los jóvenes se está muriendo."

ÓSCAR WILDE, escritor irlandés

maneras deben cuidarte y preocuparse por ti. Si crees que no lo hacen, expresa tus sentimientos de forma razonable y lógica.

Algunas veces el miedo más aterrador es el que se tiene a lo desconocido, así que infórmate sobre el divorcio de tus padres. Averigua exactamente qué pasará y elimina la amenaza de cualquier sorpresa desagradable. De esa manera, si tus padres te piden un consejo te mostrarás informado y tranquilo en tu respuesta.

El divorcio afecta a familias enteras, de modo que no debe asustarte compartir tus sentimientos con tus familiares más cercanos o con toda la familia. Estar preparado, actualizado y ser consciente sirve para que la experiencia sea más llevadera.

Intenta otra cosa

¿Formas parte de la generación de posguerra, cuyos padres ahora se separan? No te preocupes, te dará gusto saber que no estás solo.

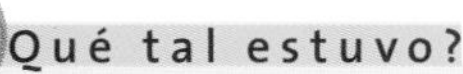

¿Qué tal estuvo?

P ¿Cómo que el divorcio no es mi problema, si mi mamá no deja de decírmelo?

R Resulta difícil de aceptar, pero en realidad el divorcio no es tu culpa. Tu mamá te está usando como excusa para no enfrentar las razones verdaderas de la separación. No te prestes a discutir con tu mamá su tan bien llamada "responsabilidad" y termina la conversación de un modo tranquilo pero firme. Si te parece apropiado, habla sobre tus miedos con tus hermanos u otros familiares y pídele a alguno de ellos que hable con tu mamá en tu nombre.

P ¿Qué hago para que mis padres dejen de depender de mí para obtener total apoyo emocional?

R Explícales serenamente que aunque estás más que dispuesto a ayudarlos durante el divorcio, no puedes ser su fuente principal de apoyo. Diles que te colocan en una situación difícil, ya que sientes que tu lealtad está dividida y tú también necesitas tiempo para analizar tus propios sentimientos. Aliéntalos para que hablen con otros; a su vez, comparte el problema con los miembros de la familia o amigos.

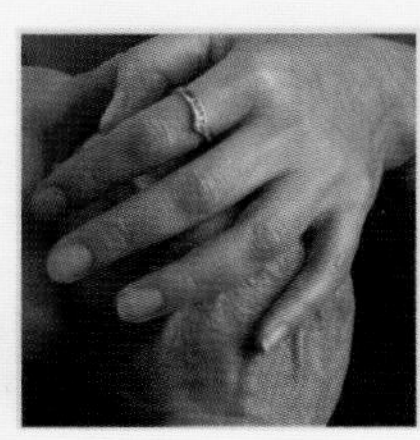

Segunda vuelta

O tercera... o cuarta... Parece que ni siquiera el trauma del divorcio puede disuadirnos de contraer matrimonio. Cerciórate de ver la realidad, no sólo el romance. Esto te ayudará a no cometer los mismos errores una y otra vez.

El matrimonio puede ser adictivo: hace poco conocí a un hombre que me presentó a su ¡quinta esposa! Muchos de nosotros pasamos por un divorcio jurando que nunca nos volveremos a casar y uno o dos años después nos encontramos caminando por ese gran pasillo.

La vorágine matrimonial

La pena y amargura que implica el divorcio se desvanecen con el tiempo y nos damos cuenta de que, a pesar de los riesgos, estamos hechos para compartir. Sin embargo, todavía tenemos la horrible propensión a cometer siempre los mismos errores. Cuando te aventures en un segundo matrimonio, es vital que tu cabeza y tu corazón trabajen juntos. Precipitarse y realizar un nuevo enlace por despecho es el equivalente emocional a darte un tiro en el pie que posiblemente te dejará cojeando para siempre.

Todo eso suena muy sensato, pero estás enamorado o enamorada y, seguramente, esto sea suficiente para lograr que esta vez funcione, ¿no es así? Aunque puedo parecer cruel, es menos probable que el amor baste para el segundo matrimonio. Las segundas nupcias presentan más dificultades, como la familia del nuevo cónyuge o un equipaje emocional lleno de conflictos del primer matrimonio.

Lo anterior no quiere decir que volver a casarse sea una mala idea. Si te casas por segunda vez, preparado y completamente seguro de ti mismo, es una gran oportunidad para continuar hasta el final. Piénsalo. Esta vez te casas con más años de experiencia y madurez. Has vivido las realidades del matrimonio y la desolación del divorcio y aun así te has comprometido a intentarlo de nuevo.

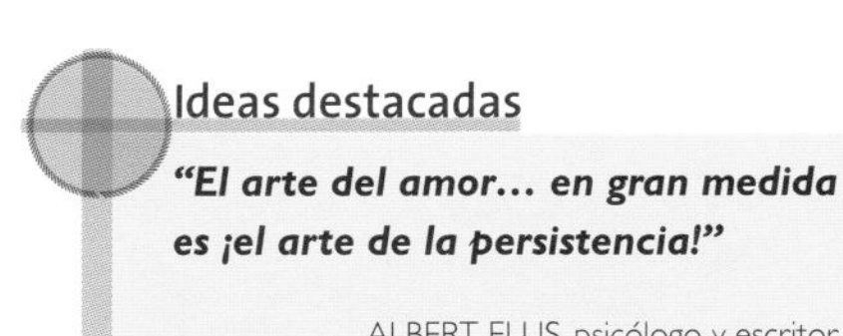

Ideas destacadas

"El arte del amor... en gran medida es ¡el arte de la persistencia!"

ALBERT ELLIS, psicólogo y escritor

Sin embargo, es importante que no consideres tu matrimonio previo como un fracaso. Resulta mucho más sano verlo como una experiencia valiosa de vida. No hay vuelta de hoja y no puedes cambiar el hecho de que compartiste un matrimonio con esa persona, así que no pierdas tiempo lamentándolo. Más bien aprende de él, olvídalo y continúa con tu vida.

La fórmula secreta

No existe una fórmula secreta para que el matrimonio funcione porque todos somos muy diferentes. No obstante, lejos de que eso represente un problema, yo lo veo como una enorme fortaleza. Ningún matrimonio está condenado porque las estadísticas lo digan y ningún segundo matrimonio está destinado a ser problemático sólo porque el primero lo fue. Todo depende de nosotros.

Cualquier relación debe tener bases fuertes que la sustenten a lo largo de su vida y esto resulta especialmente cierto del segundo matrimonio. La paciencia, la comprensión, la dedicación y la adaptabilidad constituyen los cimientos que sostendrán el amor que se tienen y permitirán que crezca. Basar una nueva relación en superficialidades como el encanto, el dinero o la atracción sexual hará que tu recorrido sea mucho más borrascoso en el futuro.

Esto no significa que una buena relación sexual o la estabilidad financiera no sean importantes, pero estos elementos deben abordarse con conciencia y madurez. Será necesario que abandones las fantasías románticas y que mantengas tus hormonas bajo control si buscas una relación de largo plazo. Por supuesto, puedes permitir que esas fantasías salgan a jugar de vez en cuando, pero asegúrate de que los cimientos estén bien colocados antes de que te precipites hacia el altar.

Trata de tener muy claras tus necesidades y las de tu pareja y pregúntate si la puedes amar como lo necesita, no sólo como quieres hacerlo. Discutan el equipaje emocional de sus relaciones anteriores, de manera que tengan conciencia de los aspectos potencialmente delicados que podrían ocasionar problemas,

Sugerencia

Aprende de tus errores. Traza una tabla y escribe los errores que tú y tu ex cometieron en tu primer matrimonio. Hazte preguntas difíciles sobre tu contribución a la ruptura y trata de ver los errores de tu ex sin una pantalla de amargura. Tener las cosas por escrito servirá como recordatorio de los peligros potenciales en las nuevas relaciones y te ayudará a centrarte en cualquier problema no resuelto que necesites vencer antes de comprometerte con algo nuevo.

pero después déjenlos atrás. Considera —y reconoce que puedes aceptar— las fallas de la otra persona y siéntete a gusto con el hecho de que si nunca cambia respecto de la forma en que es ahora, aun así sentirás amor por ella.

Comenta tus circunstancias individuales y trata de que se amolden a las de tu nueva pareja. Resuelve los asuntos prácticos, como las finanzas y las obligaciones de matrimonio previo e hijos antes de que te cases.

Si te centras en la honestidad, la confianza, la fidelidad y la flexibilidad crearás un sólido lazo de amor que permanecerá atado sin ningún riesgo en el futuro.

Intenta otra cosa

¿Te preocupa convertirte en padrastro? Trata de ser amigo de los hijos de tu pareja, pero no los abrumes ni pretendas reemplazar a su papá biológico. Déjalos que te llamen por tu nombre. Sólo es cuestión de tiempo y no es tan difícil como parece.

¿Qué tal estuvo?

P ¿Cómo sé que no vuelvo a casarme por los motivos equivocados?

R Hazte preguntas de exploración sobre cuáles son tus motivos. ¿Te casas por soledad? ¿Porque facilita el lado económico? ¿Porque necesitas un padre o una madre para tus hijos? ¿O lo haces porque de verdad amas a esa persona? ¿La relación destaca lo mejor de los dos? ¿Sabes cuáles son sus necesidades y sentimientos y viceversa? Contesta con sinceridad y tómate un tiempo para analizar por completo por qué quieres volver a casarte.

P ¿Es prudente recurrir a un terapeuta de parejas antes de volver a casarme?

R ¿Piensas que hay cuestiones no resueltas que necesitas abordar antes de comprometerte en un nuevo matrimonio? ¿Crees que necesitas ayuda externa para hacerlo? Si la respuesta es sí, busca los consejos de un terapeuta de parejas. A algunas personas les resulta útil hacer un examen prematrimonial, ya sea individual o con su pareja, incluso aunque no haya problemas específicos que abordar. Comenten los dos cómo se sienten y comiencen desde ese punto.

Tu espacio o el mío

Tu casa o departamento tal vez sea el mayor bien que posees, de modo que podría convertirse en el peor motivo de disputa entre ustedes. Aprende a evitar que el hogar matrimonial se transforme rápidamente en un campo de batalla.

En realidad no quieren terminar peleando como perros y gatos por un lugar que alguna vez fue su hogar, ¿verdad? Es difícil ver una propiedad con perspectiva, en especial cuando está en juego mucho dinero. Sin embargo, puedes dar ciertos pasos para mantener la paz.

Contén el ataque en el frente casero

A menos que tengas inversiones considerables en otra parte, la casa sigue constituyendo el activo económico más importante y comprende la mayor parte de los convenios financieros. Sin embargo, una pregunta que con frecuencia se plantea durante las negociaciones para llegar a acuerdos económicos es si la casa debe venderse. Encontrar la respuesta puede ser muy delicado y quizás obligue a retrasar los trámites del divorcio.

Por ejemplo, supongamos que una pareja vivió durante 15 años en una casa modesta de tres recámaras en la periferia de la ciudad. La hipoteca se ha reducido mucho con el paso de los años, los activos son considerables y la esposa quiere vivir ahí con los dos hijos de la pareja. Sin embargo, no hay otras inversiones financieras importantes que permitan al marido comprar una nueva vivienda en otro lado y tal vez su único recurso sea alquilar un departamento.

Esta situación es bastante común y no es fácil solucionarla. La pareja trabajó duro muchos años para pagar la hipoteca, pero no cuenta con otros valores. ¿Cómo llegar a un acuerdo justo después del divorcio? Algunas veces quien obtiene la custodia de los niños se queda con la propiedad y el equilibrio financiero se logra dándole al otro miembro la mayor parte de la pensión. Sin embargo, esto tiene sus desventajas. En general, una casa es una propiedad cuyo valor es considerable y aumenta con el tiempo. La pensión también puede subir de precio, dependiendo cómo se ha invertido en el fondo de pensión y el estado de los mercados financieros, pero puede verse afectada por los impuestos. Al momento de realizar el acuerdo, todo esto debe tomarse en cuenta.

En general, si la casa constituye un patrimonio sustancial, la mejor decisión es vender. Así es posible que las dos partes compren una casa con el dinero de la venta sin afectarse.

También es necesario considerar la viabilidad del pago de la hipoteca de ambas partes. Por ejemplo, si el padre que mantiene la custodia de los hijos se queda con la casa, ¿también podrá costear los pagos de la hipoteca? Si no tienen trabajo, la empresa constructora o la inmobiliaria que les dio el crédito puede negarse a que se hagan cargo del crédito.

Sugerencia

Decide volverte un vendedor sensato. Esto puede sonar muy obvio, pero, ¿cuánta experiencia tienes en la venta de algo tan valioso como tu casa? Necesitas alcanzar el mejor acuerdo posible para garantizar tu futuro financiero, así que sigue estos consejos para obtener los mejores resultados. Debes contar, al menos, con tres avalúos por escrito del mercado inmobiliario, de agentes de bienes raíces que conozcan tu zona. Acompáñalos por toda la casa señalando características particulares. Averigua si puedes aceptar ofertas o sólo el precio inicial y anúnciate en Internet para que tengas compradores potenciales en todo el país y no sólo en tu localidad.

Intenta otra cosa

¿La casa sólo es parte de tu pesadilla financiera? Trata de ver cómo lo hizo la gente que ya pasó por esto y pon fin a tus malas noches.

En venta

Decidieron vender la casa y dividir lo que obtengan. En este punto es importante considerar que tu propiedad no sólo es un bien, sino también tu hogar y tal vez haya sido el centro de tu vida durante muchos años. Seguramente estará llena de recuerdos, buenos y malos, y quizá dejarla ir constituye una verdadera aflicción.

Considerar la casa como un bien, más que como un hogar, puede ayudarte a lo largo de este proceso; no obstante, recuerda también los sentimientos de los niños afectados. Mudarse de casa, de escuela o de zona puede representar el peor de los cataclismos para padres e hijos, así que recaba todo el apoyo posible de familiares y amigos.

Tu casa bien pudo haber representado tu seguridad emocional, así como tu seguridad financiera, y tal vez quieras aferrarte a ella pase lo que pase. Sin embargo, podría acarrear problemas posteriores. Hazte algunas preguntas difíciles cuando tomes la decisión de venderla o de quedarte con ella:

- ¿Los costos de la hipoteca, mantenimiento, seguros e impuestos son demasiado para mí?

- ¿Me recordará el pasado y evitará que siga adelante con mi futuro?
- ¿Consumirá toda mi energía, tiempo y recursos?
- ¿Es muy grande para mí?

Si respondes que sí a cualquiera de estas preguntas, vender, aunque te resulte difícil, tal vez sea la mejor solución.

Ideas destacadas

"Soy una maravillosa ama de llaves. Cada vez que dejo a un hombre, me quedo con su casa."

ZSA ZSA GABOR, actriz húngaro-estadounidense

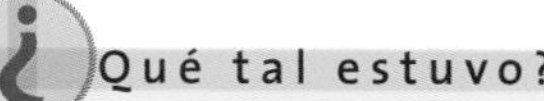

¿Qué tal estuvo?

P Mi nombre no aparece en los papeles del crédito hipotecario, pero he vivido en esa casa con mi esposo durante 15 años. ¿Me corresponde una parte o no?

R Revisa si tu nombre aparece en las escrituras de la propiedad. Si es así, eres tan dueña como tu esposo. Si no, tu título de propiedad puede estar en tela de juicio aunque tu matrimonio haya sido razonablemente largo. Ponte en contacto con un abogado para aclarar tu posición lo más pronto posible, porque sin tu nombre en las escrituras, tu marido podría vender la casa sin tu consentimiento, a menos que estén casados por bienes mancomunados adquiridos posteriormente al matrimonio.

P Estoy planeando cederle a mi esposa la casa como un acuerdo único. ¿Cómo me aseguro de que les herede la casa a nuestros hijos y no a una nueva pareja o a los hijos que tenga con ella?

R Tal vez puedas estipular que ella hereda a tus hijos la propiedad o lo recaudado por ella, en caso de que la vendiera posteriormente, como parte de tu acuerdo financiero. Consulta con un abogado tu posición legal y cerciórate de que cualquier acuerdo entre tu esposa y tú quede certificado legalmente por un notario público.

Para seguir con la vida

Ya sea que te mueras de ganas de comprar tu propio hogar en este momento o que pienses alquilar hasta que el polvo se asiente, en esta idea echamos un vistazo a las ventajas y las desventajas de rentar y comprar una propiedad después de un divorcio.

La sentencia definitiva se asoma en tu buzón y ahora eres libre para seguir con tu vida. Sin embargo, ¿has decidido adónde te mudarás? Sabes que emocionalmente deseas empezar de cero, ¿pero también quieres hacerlo en términos geográficos?

Hogar, dulce hogar

El divorcio pone tu mundo de cabeza. Te obliga a tomar grandes decisiones y algunas veces la responsabilidad de intentar hacer bien las cosas resulta aterradora.

Muchos de nosotros nos vemos obligados a vender las propiedades matrimoniales para solventar los acuerdos financieros de ambas partes. Esto, desde luego, nos deja con el problema apremiante de dónde vivir.

Adultos hechos y derechos se regresan a vivir con sus padres ancianos porque no les quedan más opciones. Otros alquilan antes de comprar y algunas personas compran propiedades inmediatamente. ¿Cuál es la solución correcta para ti?

El primer aspecto que debes tomar en cuenta es tu propio estado emocional. ¿Te sientes preparado para tomar una decisión en este momento o crees que necesitas tiempo para pensarlo? Si no consideras que tu estado emocional sea lo suficientemente estable, alquilar por un tiempo podría resultar una buena solución. Aunque no recuperarás nada en términos económicos por los meses de alquiler que hayas pagado, existen otros beneficios.

Alquilar una casa significa que no tienes la responsabilidad primordial de la propiedad. Es obvio que debes cuidarla y tratarla con respeto, pero si el techo se derrumba o las tuberías se descomponen no formarán parte de tus desembolsos económicos. Eso puede liberarte después de enfrentar las pesadas responsabilidades del divorcio.

Si alquilas eres libre de mudarte cuando tu contrato de alquiler expire, así que no necesitarás hacer ningún compromiso de largo plazo en una propiedad o zona. No tienes que tramitar una hipoteca y tienes activos líquidos y flexibles. Por otra parte, no hay una estabilidad real cuando alquilas. Si compras una propiedad, en general haces una sabia inversión financiera si las condiciones del mercado lo permiten. Con frecuencia comprar constituye una buena decisión después de un divorcio, particularmente si el acuerdo de divorcio implica el desembolso de una suma considerable y no tienes pensiones u otras inversiones para asegurar tu futuro. Comprar una propiedad también puede ayudarte a que te sientas estable y arraigado a un sitio.

No es una decisión fácil de tomar, pero ¡vamos, ya te acostumbraste a tomar decisiones difíciles!

Datos y números

La pregunta sobre si es más prudente, en términos financieros, comprar o alquilar una propiedad se debate acaloradamente. Muchas personas suponen que poseer una propiedad siempre es mejor y que alquilar representa "tirar" el dinero a la basura". Otros piensan que en un clima financiero volátil, alquilar constituye una opción mejor.

Sugerencia

Elige dos propiedades similares en la misma zona: una para comprar y una para alquilar. Después averigua a cuánto ascenderán tus pagos mensuales de la hipoteca de la primera propiedad y multiplícalos por doce. Suma todos los impuestos que tengas que pagar. Para la propiedad en alquiler multiplica la renta mensual por doce y añade impuestos y tarifas. En los dos casos suma los muebles o accesorios que tengas que comprar. Compara los resultados. Comprar puede ser una buena inversión a largo plazo, pero tal vez muy costosa en este momento, mientras que para el alquiler se aplica lo opuesto. Haz la suma y ve qué te conviene más en tus circunstancias actuales y a largo plazo.

En esta sección damos principios generales que te sirvan de guía, pero ten en mente que son justamente eso, principios generales y, como tales, no siempre son los adecuados para todas las circunstancias. Si vives en una sociedad donde el mercado inmobiliario ha llegado a su punto máximo y los indicadores financieros sugieren que el país va a ir en picada o incluso entrará en una recesión, es

Intenta otra cosa

¿Quieres quedarte en la casa conyugal pero está resultando toda una lucha? La IDEA 22, *Tu espacio o el mío,* explora este problema.

mejor alquilar. De esta forma tienes oportunidad de aguantar hasta que los valores de los bienes inmuebles desciendan y se estabilicen antes de comprar. Comprar en la cresta de una ola nunca es buena idea.

Si piensas vivir en una gran zona metropolitana donde los precios siempre son altos, la mejor opción es alquilar. A menos que consigas una oportunidad inmobiliaria o que estés planeando vivir ahí por mucho tiempo, en cuyo caso la propiedad en general aumentará su valor, los precios se elevarán en proporción al tamaño de la ciudad en la que vas a vivir. Si resides en una zona donde los precios de las propiedades son razonables y no ha habido altibajos en el mercado durante algún tiempo, tal vez sea mejor comprar. Sin embargo, estos principios son generales y no siempre dan la mejor solución, en especial cuando se trata de un divorcio.

Ideas destacadas

"Una casa son cuatro paredes cualesquiera que encierran a las personas correctas."

HELEN ROWLAND, periodista

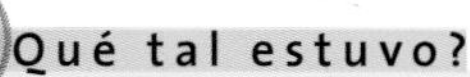

¿Qué tal estuvo?

P ¿Cómo sé que quien alquila su propiedad no es un demonio disfrazado?

R Busca directamente en una agencia inmobiliaria en vez de alquilar por tu cuenta. Firma un contrato de alquiler para asegurarte de que se protejan tus derechos, así como los del dueño. Con el agente, realiza un inventario de todo lo que tiene la propiedad y de las condiciones en las que se encuentra. El contrato debe ir firmado por el dueño y por ti. Esto evitará cualquier conflicto posterior.

P ¿Debo tener un trabajo para obtener un crédito hipotecario?

R En general, sí. Tienes que comprobar un ingreso estable durante por lo menos seis meses. Sin embargo, en el caso de las mujeres que vuelven a trabajar después de un divorcio, las entidades crediticias suelen ser más flexibles. Además, tomarán en cuenta cualquier ingreso regular que tengas de fuentes no laborales, como los fondos de inversión.

Dale impulso a tu carrera

No trabajaste durante muchos años o te dedicaste a cuidar a tu familia. Pues bien, ahora tienes la oportunidad de generar un futuro emocionante para ti.

¿Por qué no reevaluar tu carrera? El divorcio representa que has salido de una rutina doméstica y emocional y ahora tienes la oportunidad de reiniciar tu empleo. Entonces, sigue adelante e impulsa tu carrera.

Nunca es demasiado tarde

Muchas personas piensan que una vez que le "pegan" a los 40 años, han llegado a cierto límite invisible y que es demasiado tarde para hacer cualquier cosa nueva. Generalmente, para esa fecha la capacitación académica o profesional ha concluido, los planes de pensión se han establecido y se ha adquirido una hipoteca. Realizar algo nuevo se vuelve arriesgado y muchos nos quedamos en el mismo empleo de siempre porque es cómodo y seguro.

¿Qué ocurre cuando el divorcio pone de cabeza nuestras vidas? Ya nada parece seguro y, ya sea que tengamos 35 o 50 años, nos vemos obligados a hacer elecciones profesionales que no son ni sencillas ni cómodas. Dado que no podemos garantizar lo que la vida nos presentará en el camino, no tiene mucho caso pensar que somos demasiado viejos para cambiar nuestra vida.

El cambio puede darnos miedo, pero también puede ser emocionante. De repente te encuentras ante la posibilidad de regresar al trabajo y no sabes dónde comenzar. Tal vez seas una mujer divorciada y no hayas formado parte de la fuerza laboral durante 20 años. Eso te asusta y es normal. Acepta que te sientes nerviosa por tu nueva situación y decídete a terminar con ese mal rato.

En lugar de entrar en pánico y abalanzarte sobre el primer trabajo disponible, tómate un tiempo para evaluar tus opciones y encontrar un empleo que te convenga. Recuerda que todos tenemos derecho a un trabajo interesante, gratificante y que presente retos. Esto es más cierto si acabas de enfrentar las tensiones emocionales y financieras de un divorcio.

Intenta otra cosa

¿Harto de que todos te digan lo que debes hacer? Hojea la IDEA 16, *No te gusta de esta manera, entonces hazlo de otra,* para que sepas cómo sobrellevar los consejos no pedidos.

Cambio de dirección

Sin importar si regresas a trabajar después de una larga interrupción o sólo quieres darte la oportunidad de cambiar el sendero de tu carrera, existen muchas formas de hacer lo que realmente quieres. Tal vez no encuentres el empleo soñado de la noche a la mañana, pero puedes garantizar que cada paso que des te conduzca hacia él.

Todo eso suena fantástico, ¿pero cómo empiezas a lograrlo? Antes que nada, piensa de manera positiva. Aunque sea una obligación volver a trabajar o cambiar de empleo por necesidades financieras, encuentra en este hecho tanto un reto como una oportunidad.

Empieza de inmediato a buscar en la red. Diles a todos tus conocidos que estás buscando trabajo. Dales una copia de tu currículum vitae a todas las personas que pienses que podrían ayudarte y pídeles que lo hagan circular. Te sorprenderá lo pronto que obtendrás resultados.

Actualiza tus habilidades. Pregunta a ex colegas o en las agencias qué habilidades o calificaciones son pertinentes hoy en día para tu sector industrial o tu oficio e inscríbete a los cursos necesarios. Si todavía estás en actualización cuando solicites empleo, esto mostrará a tus patrones que estás comprometido para lograr que tu carrera sea un éxito.

Considera todas las opciones para volver a capacitarte. Muchas universidades ofrecen ayuda financiera y disponen de asesorías e instalaciones de guardería a un bajo costo. Regresar a la universidad no siempre es viable en términos económicos, así que busca ofertas de educación a distancia y cursos en línea. También considera las opciones que te permitan percibir un ingreso mientras te capacitas. Las carreras que se encuentran dentro del

Sugerencia

Descubre qué quieres hacer de verdad. Escribe 10 cosas que te agraden; puedes incluir absolutamente todo. Después reduce esa lista a las tres más importantes y piensa en un empleo que las incluya. Si te estancas, busca en Internet esas opciones para darte algunas ideas o pide a tus amigos que te sugieran otras. Piensa lateralmente y pronto encontrarás empleos diferentes. En este momento puedes empezar a solicitarlos o a capacitarte para subir la escalera que te llevará a la carrera de tus sueños.

ramo de la enseñanza y los servicios de salud ofrecen becas generosas mientras te preparan. Muchas universidades dan cursos nocturnos y de medio tiempo para trabajadores.

Si ya estás trabajando y te gustaría cambiar de dirección, analiza qué oportunidades hay en la compañía donde trabajas. Muchas empresas grandes ofrecen programas de capacitación e intercambios laborales o incluso pueden enviarte a tomar un curso en otro lugar.

Amplía tus enfoques para obtener un empleo en el campo que prefieres. Si te gustaría ser médico pero no puedes dedicar el tiempo o el dinero para tu preparación, no lo descartes por completo. Mejor examina otras opciones dentro de los servicios de salud: enfermería, administración, orientación y trabajo de laboratorio podrían representar oportunidades de carrera que deberías tomar en cuenta.

Ideas destacadas

"Las raíces del logro verdadero yacen en la voluntad para convertirte en lo mejor que puedas llegar a ser."

HAROLD TAYLOR, filósofo

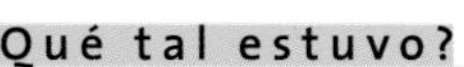

¿Qué tal estuvo?

P Hay cosas que puedo hacer. ¿Cómo elijo la correcta?

R ¿Por qué no las exploras una por una? Hay muchas agencias de empleo especializadas que proporcionan trabajo temporal que te permitirá probar en toda clase de industrias antes que te comprometas con una de tiempo completo.

P No he trabajado durante muchos años y me siento abrumada. ¿Cómo empiezo?

R Trata de ser lógica y metódica en tu intento y considera las habilidades que ya posees. Te darás cuenta de que dirigir un hogar o criar a los hijos te proporcionó habilidades de administración, finanzas y asesoría sin que te hayas dado cuenta. Aísla estas habilidades y después aplícalas en tu empleo.

Para continuar siendo amigos

¿Puedes ser amigo de tu ex? ¿Siquiera tienes la intención de serlo? Después de haber bajado las armas del divorcio, es posible llevar las cosas a una etapa posterior y lograr una paz duradera, y tal vez valga la pena.

Quedar como amigos después de haber sido pareja puede ser una lucha ardua, pero también es una meta alcanzable y valiosa, en especial si tienen hijos. En esta idea examinaremos las ventajas y las desventajas de ser amigos y de tener una intimidad con tu ex sin sexo.

¿Sólo amables o realmente amigos?

¿Es acaso posible mantener una amistad verdadera con el hombre o la mujer de quien te acabas de divorciar? Bueno, mucho depende de cómo y por qué se separaron, si tuvieron un divorcio sin problemas o más bien amargo y de cómo se sienten en este momento. Si tu divorcio fue desagradable, es poco probable que en poco tiempo se vayan a tomar un café para actualizarse respecto de los sucesos de la vida de cada quien. Sin embargo, si la decisión de divorciarse fue de mutuo acuerdo, el proceso transcurrió tranquilo y los platos rotos se mantuvieron al mínimo, entonces tienen una oportunidad mayor de ser amigos.

También necesitas preguntarte por qué quieres que sean amigos si no pudieron seguir casados. Si no querías divorciarte y harías cualquier cosa para mantener a tu ex en tu vida, no es una buena razón para buscar una amistad. En realidad, los motivos para hacerlo se basan en el intento por recobrar la intimidad de la relación pasada más que en tratar de generar algo nuevo. Si el matrimonio fracasó, el lazo especial de marido y mujer no puede volver a crearse a través de la amistad platónica y la relación que se genere siempre será una decepción.

Muchas parejas quieren continuar siendo amigos por sus hijos. Si los tienes podrías ahorrarles muchos dolores —igual que a ti— si logras forjar una amistad con el padre o la madre que no vive con ellos. El rencor entre los padres siempre es destructivo para los hijos y puede arruinar la relación que tengan contigo. La crianza compartida de los hijos requiere cooperación, y ésta no puede lograrse si se comunican mediante "gritos y sombrerazos". La nobleza del motivo de hacer las cosas mejor por los niños tal vez te ayude a dejar atrás el dolor y la amargura de tu divorcio y a que surja una relación positiva y productiva.

Sugerencia

El respeto es esencial para una amistad próspera. No importa qué haya pasado antes en la relación, debes aprender a respetar a tu ex pareja como amigo, incluso si no se respetaron como marido y mujer. Una buena forma de lograrlo es promover los "votos de divorcio". Como alternativa útil a los votos matrimoniales, los votos de divorcio pueden ayudarte a seguir por el buen camino. Trabajen juntos para redactar un acuerdo aceptable. Por ejemplo, podrían incluir no pedir a los niños que guarden secretos del otro padre y no repetir una y otra vez los viejos conflictos de tu matrimonio.

Amistad absoluta

Si han decidido ser amigos después de la sentencia definitiva, es una muestra de que sí es posible, aunque constituya un proceso difícil. Mis propios padres se llevan mucho mejor ahora como amigos que en 26 años de matrimonio, y lo mismo pasa con muchas parejas divorciadas de todas las edades.

Intenta otra cosa

Si lo que prefieres es no tener a tu ex en tu vida, dale un vistazo a la IDEA 10, *Corta los lazos*, y sigue adelante.

Aunque tu divorcio haya sido apacible, los trámites te llevan a ver a tu ex como un adversario y se necesita tiempo para dejar que estos sentimientos conflictivos pasen antes de que sigan como amigos. Sobrellevar el divorcio es un proceso emocional y por ello es importante reconocer las etapas por las que estás pasando.

Tal vez experimentes sensaciones de ira, pena y alivio, como si hubieras perdido a un familiar. Entender en qué etapa te encuentras te ayudará a lograr la meta de ser amigo de tu ex.

Ve a la velocidad de la persona que salió más lastimada durante el proceso. Si pediste el divorcio y ya te mudaste con tu nueva pareja, puede ser que tu ex necesite un tiempo considerable para superarlo antes de que te invite a tomar unos tragos. Si todavía sientes molestia con tu cónyuge, acepta tus sentimientos, pero no actúes guiado por ellos. Quizá todavía debas estar en contacto con tu ex y no vas a lograr tener una relación amistosa si le sigues gritando por teléfono.

Deja de buscar a tu ex para que te dé respuestas y soluciones. Tu matrimonio terminó y es tiempo de seguir adelante. Será mucho más fácil establecer una amistad si eres capaz de cerrar con broche de oro las emociones negativas. Para ello, renunciar al sentimiento de culpa es un paso importante. Aceptar la responsabilidad mutua constituye una forma más sana de seguir con tu vida.

Avanza poco a poco hasta establecer una amistad con la que te sientas a gusto. Sin duda, el primer año después del divorcio es el más difícil, así que comienza por ser amable y cortés cuando te comuniques con tu ex.

Ideas destacadas

"La única forma de tener un amigo es ser un amigo."

RALPH WALDO EMERSON,
poeta y trascendentalista estadounidense

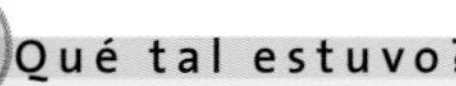

¿Qué tal estuvo?

P Mi aborrecible ex mujer me dejó sin un centavo. Hablando en serio, ¿podemos ser amigos?

R ¡Tal vez no! Contrariamente a las creencias populares, hay una línea muy delgada entre el amor y el odio, y en tu caso, mantener a tu ex en tu vida ocasionará más aflicción. Es tiempo de cortar lazos y seguir adelante.

P ¿Está bien que sea amigo de la nueva pareja de mi ex?

R Si te sientes cómodo con la situación, sí. Después de todo, ambos se casaron con la misma persona, de modo que tienen algo en común. A menudo esto sirve si hay hijos de por medio, pero no expreses tus sentimientos hacia tu ex, mantenlos dentro de tu cabeza. Compartir confidencias siempre es un error. Conserva la amistad en terreno neutral y tal vez funcione.

Gimnasios, barras y chocolates

El divorcio puede ser un proceso extremadamente estresante. El truco es ser consciente de qué tan estresado estás, cuáles son tus necesidades y cómo puedes satisfacerlas. Aquí encontrarás cómo reconocer cuando tus niveles de estrés van en aumento y cómo relajarte de forma adecuada.

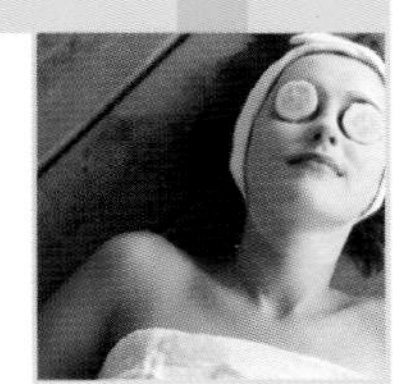

Todos sabemos lo fácil que es caer en malos hábitos cuando los niveles de estrés se encuentran a todo volumen. Tenemos el ánimo por los suelos y antes de que lo sepamos ya estamos engullendo otro chocolate o descorchando otra botella de vino. Con todo lo que estás pasando, conserva hábitos de de vida saludables.

Conducta adictiva

¿Qué haces si tu divorcio te deprime, te tensa y te hace sentir fastidio? Pues bien, el propósito de esta idea es evitar que te conviertas en un chocolate ambulante o que sustituyas tu sangre por vino tinto. Comer para sentirse bien es un fenómeno universal. Cuando nos deprimimos queremos alimentos que nos reconforten, comidas con carbohidratos, latas de bebidas empalagosas y una interminable lista de dulces. El torrente de azúcar mejora inmediatamente nuestro humor, pero poco después nos hace sentir peor de lo que nos sentíamos. ¿Por qué?

Los alimentos azucarados o los carbohidratos que se convierten rápidamente en azúcar dentro del cuerpo elevan los niveles de energía de forma instantánea; además, el chocolate también nos proporciona un torrente de endorfinas. Sin embargo, estos efectos son temporales y en poco tiempo nos sentimos con pereza, hinchados o incluso nos vuelve a dar hambre.

Comer para mejorar nuestro estado de ánimo en épocas de estrés acarrea dos problemas principales. Uno está relacionado con la salud: se trata de alimentos que carecen de nutrientes adecuados, que nos aportan poco en forma de energía sustentable, poseen muchas calorías y hacen subir de peso. El segundo problema es emocional: el desplome después de consumir grandes cantidades de azúcar puede hundirnos todavía más en la depresión y si empezamos a engordar, nuestra autoestima también caerá en picada.

El azúcar, al igual que el alcohol, causa adicción. Las pautas de conducta adictiva se forman rápidamente cuando estamos estresados y son muy difíciles de romper cuando nos sentimos deprimidos. Sin embargo, es posible evitar o romper estas pautas y aprender a llevar una vida más sana.

Romper con el esquema

Muchas personas recurren al alcohol en vez del azúcar como una fuente de consuelo.

Sugerencia

Algunas veces todos necesitamos un empujón, así que usa tu ingenio y haz una lista de los placeres que puedes permitirte cuando te sientes tentado a darte un banquete de cosas malas. Escribe la lista y pégala en sitios pertinentes de tu casa. El refrigerador, el lugar donde guardas el vino y el teléfono son buenos puntos iniciales. Incluye diferentes clases de sabores y placeres, de modo que siempre haya alguno que se acomode a tu estado de ánimo. Un masaje, un juego de futbol con amigos, ir al pedicurista, una comida fraternal, una película sentimental y un baño relajante son buenas sugerencias para comenzar.

Intenta otra cosa

¿Necesitas más ayuda para sentirte mejor en esta etapa horrible? Prueba terapias alternativas como la masoterapia, el reiki, la aromaterapia. Es posible que obtengas una respuesta.

Eleva el ánimo al instante, como el azúcar, y también funciona como anestesia para el dolor que sentimos. Por supuesto, es natural desear algún consuelo cuando pasamos por un divorcio doloroso. Nos sentimos fatal, nada nos marcha bien y lo único que pedimos es un alivio temporal.

Eso está bien, pero con moderación. Y esa es la clave aquí. Todos tenemos derecho a darnos ese festín de chocolate ocasional o esa noche loca en el bar cuando las cosas se ponen difíciles, pero no lo conviertas en algo cotidiano. Cuando te das cuenta de que no has pasado un solo día sin chocolate o una noche sin alcohol durante meses, es hora de recobrar un poco el equilibrio en tu vida.

Tú sabes *por qué* lo haces: para consolarte y porque te sientes desdichado. Saberlo debe ser positivo; has descubierto que estás estresado y que es necesario hacer algo para descargar ese estrés.

Sin embargo, recuerda que hay muchas alternativas para que te sientas mejor. Para comenzar, habla con tu familia y amigos; déjales saber que el divorcio se te está dificultando y que necesitas un poco de apoyo. Si quieres salir y socializar, piensa en cómo hacerlo sin ponerte en peligro de beber demasiado.

La forma más fácil es convertirte en el conductor designado, pero eso suena más aburrido que una noche en compañía de una revista de celebridades, así que trata de ser un poco más creativo. Ve al cine, a jugar boliche o inscríbete en un gimnasio. Bailar en estado de ebriedad es casi imposible, así que a menos que ser el hipopótamo de la película sea lo tuyo, intenta tomar clases de salsa, jazz o *street dance* y aleja de tu mente el divorcio.

Y para relajarte y liberar el estrés sin sentir la sacudida del azúcar, ¿por qué no pides cita para hacerte un tratamiento en un SPA? Puedes ir una hora o una semana. Solicita turno con la manicurista o para que te den un masaje. Lo mejor de todo es que los hombres disfrutan la experiencia tanto como las mujeres.

Ideas destacadas

"A la mente a veces debe dársele descanso para que esté apta cuando se reanude el trabajo duro."

PERIANDRO DE CORINTO, gobernante de Corinto

¿Qué tal estuvo?

P ¿Cómo justifico la cuota de inscripción a un SPA si el divorcio me está costando una fortuna?

R Todos merecemos darnos un gusto, y disminuir el estrés es esencial. Si el dinero es un problema, ve a las escuelas locales que ofrecen tratamientos más baratos, realizados por estudiantes. Cómprate aceites para el baño que puedas usar una y otra vez o pídele a un amigo que te dé un masaje relajante.

P Si trato de dejar de comer chocolate durante un divorcio estresante, ¿acaso no me sentiré peor?

R Nadie dice que debes dejar de comerlo. ¡Pero no abuses! Una dieta balanceada que incluya un poco de chocolate de vez en cuando no te hará daño. Sin embargo, si dependes de él como tu fuente regular de consuelo, sustitúyelo esporádicamente por una actividad que te haga sentir bien.

Mi amor, necesito dinero

La manutención es un campo minado en términos financieros y emocionales, pero si ambos se enfocan en sus necesidades verdaderas, si están dispuestos a llegar a un acuerdo y si dejan de lado los errores pasados, pueden encontrar soluciones amigables.

Si repartimos dinero a nuestro ex cónyuge inevitablemente sentimos que es demasiado, pero si nos toca recibirlo creemos que es muy poco. Llámese pensión alimenticia o fondo de ahorro, cuando se trata de dinero, todos hablamos el mismo idioma.

Cómo encontrar los recursos

Si tu matrimonio se derrumbó y has decidido separarte, una de las primeras cosas que te van a ocupar son los acuerdos financieros. ¿Cómo te vas a mantener? ¿Cómo mantendrás a los niños? Tal vez tú seas el sostén de la familia y necesites resolver cuánto puedes pagar de pensión. Quizás te preocupe cómo mantener dos hogares, ahora que se separaron.

Aquí es donde entran los pagos de la pensión. Al que gane la mayor cantidad de dinero se le exigirá que haga un pago para solventar los gastos de sus hijos y de su ex cónyuge. Este pago dependerá de muchos factores, pero el definitivo son las necesidades de las dos partes y los hijos. A veces se indica un periodo intermedio durante el cual se establece una cifra para la pensión hasta que se tenga la sentencia definitiva de divorcio y se llegue a un acuerdo financiero final.

Si los hijos son menores de edad, se exigen pagos de pensión para solventar su alimentación, vestido, vivienda y cualquier gasto o costo relacionado con su educación. Por lo general, los niños viven con la madre, frecuentemente en la casa que era del matrimonio, y es el padre quien paga la pensión. Sin embargo, no siempre es así. Si la madre es el sostén principal puede ser ella la que pague la pensión o bien no tiene derecho a recibir pensión de su esposo.

Sugerencia

Cuando calcules tus necesidades con la finalidad de establecer una cantidad para la pensión, empieza con esta lista de control. Calcula:

- Cuál es tu ingreso actual y el que podrías tener.
- El ingreso de tu cónyuge y el que podría tener.
- Si cuentan con pensiones e inversiones.
- Los arreglos de vivienda de los dos.
- La necesidad de tener un auto.
- Tu presupuesto para ropa, alimentación y entretenimiento.
- Los honorarios legales que pagarás durante el divorcio.
- Las necesidades de la pensión para tus hijos.

El costo emocional

La cuestión de la pensión siempre es un asunto espinoso cuando las parejas se separan, y llegar a un acuerdo que los dos consideren justo puede constituir una lucha difícil. Uno de los problemas principales cuando se discute la pensión es que aunque se trata de cuestiones financieras, resienten el efecto de su lado emocional.

Muchas personas, en especial las afectadas por un adulterio o una conducta irracional del cónyuge, sienten un deseo intenso de castigar económicamente a su ex pareja. A veces pasan meses para que se acuerde una sentencia final, simplemente porque uno de los dos está decidido a cobrar una venganza económica. Es muy difícil dejar atrás las emociones cuando se negocian los pagos de la pensión o los acuerdos económicos, y muy pocas personas lo logran. Sin embargo, no es común que la conducta del esposo o la esposa durante el matrimonio afecten las sumas asignadas por el juez. La única ocasión en que el comportamiento de la pareja, propiamente dicho, se toma en consideración es cuando el cónyuge cohabita con otra persona. En otras palabras, si en el momento de la separación uno de ustedes se va a vivir con su nueva pareja o si esto ocurre en cualquier etapa durante los procesos judiciales, tendrá un efecto sobre el acuerdo de pensión.

El juzgado considerará importante que cohabites con tu nueva pareja para establecer las necesidades de la pensión en curso por dos razones. En primer lugar, si el solicitante de la pensión vive con otra persona, se supone que recibe alguna ayuda económica de esa nueva pareja. En segundo lugar, si el que paga la pensión cohabita con su nueva pareja, puede asumirse que comparten costos y por lo tanto tal vez tengan fondos adicionales para contribuir al ex cónyuge.

Cuando se fije la orden de pensión, el juzgado tratará de ser equitativo. Por tanto, si un

Ideas destacadas

"Si crees que te costará trabajo mantener a tu esposa, ¡trata de no hacerlo!"

ANÓNIMO

cónyuge tiene un sueldo atractivo y el otro se dedica al hogar, normalmente este último recibirá un pago de pensión considerable. Sin embargo, también se considerará la capacidad de ingreso potencial de quien se ocupa de la casa, así como el hecho de si todavía cría a los hijos durante el proceso de divorcio.

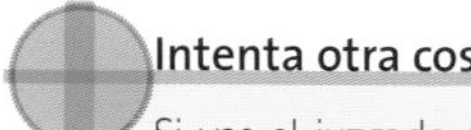

Intenta otra cosa

Si vas al juzgado para llegar a un acuerdo sobre tu petición de pensión, trata de serenarte, muestra seguridad y mantén los ánimos bajo control.

¿Qué tal estuvo?

P ¿Qué significa la "igualdad económica" en términos reales?

R La "igualdad económica" significa que los dos tienen un estatus financiero parecido. Piénsalo en términos de mantener un nivel de vida similar. Si uno de ustedes vive en la que fue la casa matrimonial con cinco dormitorios y el otro en un departamento alquilado de una sola habitación, la corte puede decidir que debe venderse la casa. Esta acción sería para que las partes se instalen en propiedades de características similares y tengan un nivel de vida semejante.

P ¿Si me vuelvo a casar dejaré de recibir mi pensión?

R En el caso de una "ruptura limpia" en la que la pensión está incluida en la suma total del acuerdo, los acuerdos financieros no se verán afectados. Si los pagos se realizan cada mes, tal vez les afecte. Consulta con un abogado para averiguar cuál es tu posición.

¿La libertad absoluta?

Has recibido la sentencia definitiva y eso significa que estás totalmente divorciado. ¿Lo que conviene es recibir felicitaciones o demostraciones de lástima? Si contar con la libertad absoluta no te saca a flote, aquí te decimos cómo seguir adelante.

Muchas personas tienen sentimientos encontrados cuando reciben la sentencia definitiva. Incluso quienes han estado esperando que caiga en el buzón sienten un vacío cuando al fin la tienen en sus manos.

Cómo enfrentar el hecho de que se acabó

Muchos nos hemos sentido exhaustos emocional y económicamente durante el proceso, y la sentencia definitiva actúa como recordatorio de cuánto nos ha costado el divorcio. ¿Cómo podemos seguir adelante en busca de la felicidad y la emoción de nuestro futuro si todo lo que sentimos es agotamiento, dolor y rechazo?

No voy a aparentar que es fácil, pero lo importante es que has sobrevivido hasta este punto y lograrás superar la siguiente etapa. Atravesaste por las agitaciones económicas y emocionales del divorcio y has conseguido cruzar sano y salvo al otro extremo. Eso en sí mismo significa que tienes todos los ingredientes para labrarte un futuro feliz y emocionante.

Piénsalo: has resistido, eres fuerte, has adquirido una experiencia de vida profunda que nunca antes habías tenido y te has dado cuenta de que no te morirás de un corazón destrozado. De hecho, ahora sabes que un corazón roto es como cualquier otra parte del cuerpo: con tiempo y cuidados se cura.

Si estás contento por haberte divorciado y te emociona el panorama de un futuro libre como soltero, será confuso si te sientes vacío y solo cuando recibes la sentencia definitiva. Es importante ser consciente de que se trata de una reacción normal. La sentencia definitiva representa el final de una etapa de tu vida y todos los finales suelen ser un poco tristes, así que date tiempo para procesar la información. Una fase de tu vida ha concluido, pero ha comenzado una nueva.

Ata los cabos sueltos

Si te sientes vacío o perdido respecto de lo que debes hacer de aquí en adelante, tal vez sea una sorpresa agradable saber que quedan cabos sueltos de tu matrimonio que debes atar al concluir el divorcio. Si no puedes esperar para salir y celebrar, quizás esto te parezca un poco pesado.

Antes que nada, es importante que leas y archives todos los papeles concernientes a tu divorcio. Es muy importante mantener a salvo tu sentencia definitiva, ya que la necesitarás en caso de que quieras volver a casarte o si tienes que comprobar que estás divorciado (por ejemplo, si eres mujer y quieres solicitar un pasaporte con tu nombre de soltera).

Aunque tu sentencia definitiva mencionará que tu ex no tiene el mismo derecho a tus propiedades y activos después de tu muerte que cuando estaban casados, es importante que revises tu testamento. Tal vez no sea agradable, pero es necesario y de todas maneras tienes que cambiarlo después del divorcio.

Hay muchas cosas complicadas y más bien irritantes que resolver, pero cuando las concluyas sentirás que hacía falta cerrar una etapa de tu vida, lo cual no se conseguía sólo con la llegada del certificado legal.

Cierra todas tus cuentas mancomunadas y transfiere el capital conforme se acordó en el convenio económico. No te olvides de cancelar tus cuentas conjuntas de crédito, membresías de gimnasios y clubes deportivos. Si se le asignó la casa del matrimonio a uno de los dos, borra el nombre de tu ex pareja del contrato de la hipoteca o de las escrituras. Abre tus propias cuentas bancarias y concierta una cita con un asesor financiero en caso de que lo requieras.

Aprovecha esta oportunidad para atar también los cabos emocionales que hayan quedado sueltos. En primer lugar, acepta que la

Sugerencia

Aprovecha las siguientes sugerencias para celebrar tu libertad y encamínate hacia la realización de nuevas actividades con tu libertad absoluta:

- Viaja a algún lugar al que siempre hayas deseado ir.
- Visita a tu familia, pasa tiempo con ella y acepta su apoyo.
- Consiéntete con algo frívolo por el solo hecho de que puedes hacerlo.
- Redecora tu casa de la forma que desees.
- Inscríbete a clases de algo que te interese.
- Consulta a un nutricionista o a un experto en terapias alternativas y dale un impulso a tu nuevo estilo de vida.

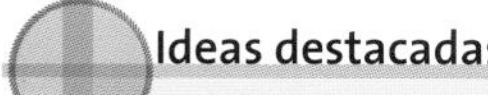

Ideas destacadas

"La libertad es lo que haces con lo que se te ha hecho."

JEAN-PAUL SARTRE, escritor y filósofo francés

relación terminó. La recepción de la sentencia definitiva representa una buena manera de aceptarlo. Date tiempo para llorar tu pena si es necesario o señala la ocasión con una celebración. Descarta los pensamientos de venganza o castigo hacia tu ex pareja, ya que esto sólo te mantendrá en el pasado. Aprovecha este momento para reevaluar tus prioridades y colocar a tus hijos y a ti mismo por encima de cualquier culpa, pena o dolor por una relación acabada.

Tu sentencia definitiva es tu pasaporte hacia la libertad y una nueva vida. Siéntate un momento y decide adónde quieres ir y asegúrate de que, cualquiera que sea tu destino, se trate de un lugar al que siempre hayas querido ir.

Intenta otra cosa

¿Necesitas una ayuda extra para iniciar tu nueva vida de absoluta libertad? Revisa la IDEA 29, *Felices para siempre*, y convierte tu futuro en una etapa feliz.

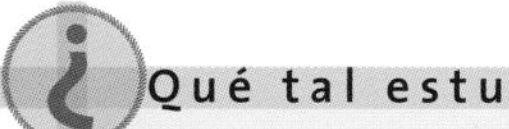

¿Qué tal estuvo?

P ¿Puedo apelar el acuerdo financiero definitivo?

R En general es exactamente eso: definitivo. Sin embargo, en algunos casos hay un sistema de apelación. Tal vez puedas recusar la pensión o la manutención de los niños si tus circunstancias o las de tu ex han cambiado. Por ejemplo, si uno de los dos se volvió a casar o perdiste tu empleo. Consulta a un abogado para estar seguro.

P ¿Puedo seguir usando mi nombre de casada ahora que mi divorcio es definitivo?

R Sí puedes. Si quieres cambiar tu nombre por el de soltera, necesitas una copia de tu sentencia definitiva y tu acta de nacimiento. Esto también se aplica para los pasaportes, licencias de manejo y cuentas bancarias.

Felices para siempre

¡Bienvenido al resto de tu vida! La pesadilla ha terminado y es hora de despertar a lo que te depara el futuro. De aquí en adelante debes centrarte en "tu nuevo *tú*" y en la dirección que deseas tomar para escribir tu propio final feliz.

Quizá tu vida de casado no resultó lo que pensaste cuando dijiste "sí, acepto". Sin embargo, al menos negociaste con éxito el polvorín de decir "no acepto". Y aunque no puedes cambiar el pasado, sí puedes elegir tu futuro.

La generación de los ex

Cada generación está definida de algún modo. Las mujeres de la década de 1920 eran conocidas como las "emancipadas" (*flappers*), a los bebés que llenaron las salas de maternidad de los años de posguerra se les conoce como *baby-boomers* y quienes conseguían lo que se proponían en la década de 1980 eran los *yuppies*.

¿Cómo se conocerá a los sobrevivientes modernos del divorcio? Algunos han llamado *generación X* a la que empieza con la década de 1990. La de los ex requeriría una descripción más precisa. Si uno de cada dos matrimonios se disuelve en lágrimas, hay pocas personas de esta generación que no hayan tratado con la cuestión del divorcio.

Sin embargo, a consecuencia del aumento en el número de divorcios, la sociedad se ha vuelto más tolerante hacia quienes han pasado por eso. Ya no se estigmatiza e injuria a los divorciados. De hecho, muchos consideran a quienes han pasado por una separación y divorcio como más sabios y experimentados por haberlo vivido.

Aunque el divorcio es un proceso duro y descorazonador, no debe verse como el fin de todo lo demás, sino únicamente de un matrimonio. Sólo porque tu matrimonio terminó no significa que tu búsqueda de un final feliz también tenga que concluir. Depende de ti escribirlo. Has sobrevivido a tu divorcio y estás al borde de enfrentar tu futuro. Sólo necesitas un ligero empujón para abalanzarte sobre él.

Sugerencia

Intenta escribir acerca de tus experiencias. Superar un divorcio es digno de aplaudirse. Hacerlo y salir con una mayor comprensión de ti mismo y de quienes te rodean es todavía mejor. Sabes que usarás esta experiencia para moldear positivamente tu futuro, así que ponla por escrito. O podrías crear un diario en Internet —conocido como *blog*— para mostrar en línea tus experiencias. No sólo te ayudará a recordar lo que has aprendido, sino que también será una forma catártica para seguir adelante e incluso podría representar un apoyo para otros. Consulta, entre otras, la dirección www.blogger.com para encontrar sugerencias sobre cómo empezar.

Enfoque futuro

A lo largo de tu divorcio gastaste mucha energía física y mental. Ahora que terminó, tienes la oportunidad de recargar tus pilas y encaminar tu energía a experiencias positivas que formen parte de tu futuro.

Creo que todos pueden lograr la felicidad que desean, incluso después del divorcio. Éste no mata nuestra necesidad de amar. Puede volvernos más cautelosos respecto de cómo otorgamos amor y más precavidos en cuanto a los compromisos. Pero un poco de cautela nos evitará actuar por despecho y que nos rompan el corazón.

Podemos elegir nuestro final feliz y trabajar para conseguirlo. Uno de los trucos para lograrlo es no vivir en el pasado. En este momento eres soltero, así que piensa como una persona soltera, lo cual no es algo negativo. Significa que puedes hacer tus propios planes, tomar tus propias decisiones y vivir tu propia existencia. Además, en el caso de que decidas compartir tu vida con alguien más, y cuando decidas hacerlo, estarás más consciente de quién eres y de lo que necesitas. Son elementos fundamentales para que las nuevas relaciones funcionen, y provienen directamente de lo que aprendiste durante tu divorcio.

La ruptura de tu matrimonio te ha enseñado que la vida es un reto y que uno no siempre obtiene lo que esperaba. Sin embargo, también te ha demostrado que tienes carácter para sobrellevar lo que la vida te ponga enfrente. Considera esto como un autoconocimiento liberador y estimulante para que tomes decisiones positivas y realices cambios en el futuro.

Ahora sabes que la vida no es un cuento de hadas, así que en el futuro no esperes a un príncipe encantador o a una princesa inocente. También sabes que incluso las pesadillas se

Intenta otra cosa

¿Todavía no te preparas para el "felices para siempre"? Revisa la IDEA 28, *¿La libertad absoluta?*, y pronto lo estarás.

acaban, de modo que no debes pensar que las malas rachas duran para siempre. Esto te dará la capacidad para establecer una nueva relación con más discernimiento del que tenías cuando te casaste por primera vez y, por consiguiente, tendrás una mayor oportunidad de iniciar una relación próspera.

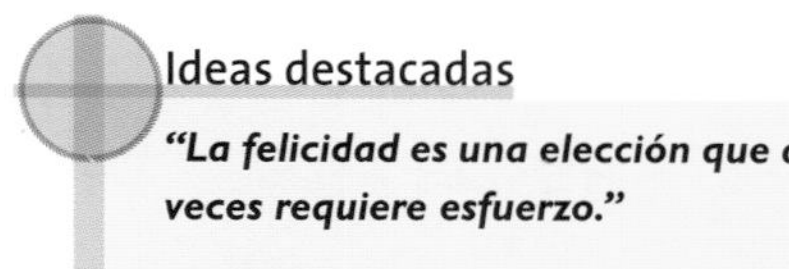

Ideas destacadas

"La felicidad es una elección que a veces requiere esfuerzo."

ANÓNIMO

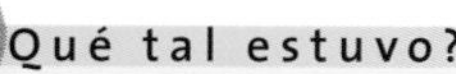

¿Qué tal estuvo?

P ¿Cómo coloco un *blog* en Internet?

R Necesitas una conexión a Internet y espacio en la red. Tu proveedor de Internet puede proporcionarte el espacio para empezar. También necesitas una dirección electrónica para tu sitio, de manera que otras personas se conecten. Entonces puedes empezar a escribir. Haz en tu *blog* un recuento periódico de tus experiencias y, si quieres, acepta que la gente te envíe sus comentarios por escrito.

P ¿Cómo puedo llegar a un final feliz si es más probable que los divorciados vuelvan a separarse si se casan de nuevo?

R Algunas estadísticas indican que así es; pero, ¿tú te consideras un número más? Esto no tiene por qué ocurrirte; tú puedes elegir tu futuro. Utiliza todo lo que has aprendido en tu divorcio para lograr tu final feliz y cuídate de no volver a cometer los mismos errores.